# 인간증발

사라진 일본인들을 찾아서

**Les évaporés du Japon**
Enquête sur le phénomène des disparitions volontaires
by Léna Mauger · Stéphane Remael

# 인간증발

## 사라진 일본인들을 찾아서

레나 모제 글 · 스테판 르멜 사진
이주영 옮김

책세상

"우리가 알고 있다고 생각하는 사물의 이면에는
우리가 알지 못하는 것이 거의 비슷한 비율로 숨어 있다."

무라카미 하루키,《스푸트니크의 연인スプートニクの恋人》에서

프롤로그

어린 시절 핸들바가 달린 자전거를 처음 선물 받았을 때 그걸 타고 동네 곳곳을 돌아다니면서 지구력을 강화했다. 얼마 후 혼자서 자전거를 타고 점점 멀리 다니는 데 재미를 붙였다. 바람을 맞으며 한 시간 동안 페달을 밟으며 쌩쌩 달리다 보니 벨기에 국경을 넘게 되었다. 물론 당시에도 검문소가 있었지만 나는 가본 적이 없는 오솔길을 따라 검문소를 피해 갔다. 누가 열 살짜리 남자 아이를 검문한다고.

아무튼 나는 어려움 없이 규칙도, 화폐도, 언어도 다른 낯선 이웃 나라에 도착했다. 불과 몇 시간 만에 이전과는 완전히 다른, 새로운 삶을 경험한 것이다. 일단 밀밭 가운데에 있는 낡았지만 꽤 멋진 석조 건물 안에 몸을 숨겼다. 그렇게 몇 시간 동안 몸을 숨긴 채 '만일 지금 여기서 내가 죽으면 누군가에게 발견될 수나 있을까?' 하는 생각을 했다. 학교에서도 나는 연기처럼 사라져버리는 비상한 재주가 있었다. 몰래 나무 위로 올라가버리는 방법이었다. 잎사귀가 무성한 나뭇가지 속으로 재빨리 몸을 숨기면 아무도 내가 거기 숨어 있을 거란 생각을 하지 않았다. 그렇게 나무 위에서 곤충을 관찰하거나 책을 읽거나 우리 반 아이들의 행동을 엿보거나 쉬면서 시간을 보낼 때가 많았다. 쉬는 시간이 끝나고 수업 종

소리가 울리고 나서 한참 있다가 나무에서 내려올 때도 있었다. 그렇게 자주 일상생활에서 벗어나 조용하고 자유로운 삶을 살며 어린 시절을 보냈다. 청소년기에는 카메라를 들고 여행을 떠났다. 처음에는 자전거로, 그 다음에는 오토바이와 비행기로, 낯선 세상과 나 자신이 익숙하지 않은 곳으로 깊숙이 들어갔다. 하지만 다시 자유를 포기하고 원래 있던 곳으로 돌아가 지루한 사회생활로 돌아가야 하는 순간이 너무나 빨리 다가왔다. 나의 일상을 돌아봤고, 도시에서의 삶이 주는 의미를 분명하게 인식하게 되었다. 즉, 도시에서의 삶이 의미없음을 깨달았다.

당황스러웠다. 이 삶을 끝내고 싶은 마음과 가족에게 고통을 안겨줄지도 모른다는 두려움 사이에서 어떻게 해야 할지 몰라 갈팡질팡했다. 가족이 죄책감을 느낄까 봐 죽을 수도 없었다. 그보다는 모든 것을 버리고 돌아올 수 없는 기나긴 여행을 떠나는 편이 나을 것 같았다. 흔적도 없이 사라져 몇 달 동안이라도 세상의 반대편에서 시간을 보내며 인생을 즐기는 편이 나을 것 같았다. 그다음에는 내가 어디로 갈 것인지 알리는 흔적을 남기지 않으면 된다. 꽤 그럴듯한 생각 같았다. 가을에 떠나려 했으나 계절이 몇 번이나 바뀌었고 나의 계획은 그렇게 가라앉아버렸다. 그러다가 물이 땅에 스며들듯이 내게도 사랑이 찾아와 다시 삶이 충만해졌다. 살고 싶다는 의지가 다시 생겨났다. 더 이상 피하지 않고 내가 있었던 길로 돌아왔다.

그리고 머지않아 나는 증발한 일본인들의 흔적을 찾아다니게 되었다. 그때 만난 사람들은 신분을 바꾸고 과거와는 단절된 인생을 살고 있었다. 레나와 함께 일본 전역을 조사하면서 한때 간절히 도망치고 싶은 마음뿐이었던 나의 과거를 떠올렸다.

스테판 르멜

* 우리에게 속내를 이야기해준 분들, 우리를 안내해준 분들에게 감사의 인사를 전한다. 자기 자신을 잃지 않는 용감한 분들이다. 몇몇 분들의 요청에 따라 이름과 장소는 가명을 사용하거나 밝히지 않은 경우도 있다.

## 1. 야반도주

달빛도 없는 캄캄한 밤. 드문드문 놓인 가로등 아래로 그림자 하나가 미끄러져 들어온다. 도쿄의 북쪽에 위치한 외곽 동네는 열차들이 지나가며 내는 소리를 자장가 삼아 차디찬 공기 속에 잠들어 있다. 주변 고층 빌딩들에 파묻혀 잘 보이지 않는 동네지만 낮은 집, 인적 드문 길, 커버 덮인 자동차, 어지럽게 세워진 자전거들로 가득하다. 스스로 증발하여 숨어서 지내기에 이상적인 장소다. 어느 골목길 모퉁이에나 있는 평범하기 그지없는 건물이다. 흰색 콘크리트 건물 앞에 '무엇이든 처리해드립니다'라고 적힌 간판이 달려 있다. 1층 보관창고 앞에는 세워진 세 대의 소형 트럭 주변으로 남자들이 분주하게 물건들을 내려놓고 있다. 작지만 다부진 남자 한 명이 희미한 빛을 받으며 걸어온다. "사장님은 곧 오실 겁니다." 남자는 자리를 떴다가 30분쯤 지나서 다시 모습을 드러내더니 우리에게 계단 위 사무실을 가리킨다. 각종 서류와 낡은 컴퓨터, 타자기, 무전기 등 온갖 잡동사니가 모여 있다. 서류 더미에 파묻혀 보이지 않던 사장이 불쑥 자리에서 일어난다. 마른 체격의 남자가 사뭇 진지한 표정으로 공손히 고개를 숙여 인사한다. "쿠니 가즈후미라고 합니다." 사장은 접이식 의자를 가리킨다. 그리고 잠시 우리 통역과 알아들을 수 없는, 이런저런 이야기를 한다. 이어서 그는 선반 위에서 봉투 하나를 집어들더니 누렇게 바랜 종이들을 한 장 한 장 조심스럽게 꺼내놓는다. 각종 서류와 편지, 그리고 신분증이다. 1943년생 가즈후미, 사장 본인의 신분증이다. 사진 속에는 야심만만한 눈빛을 가진 젊은 시절의 그가 있다. 각종 서류에는 실종된 그의 인상착의가 묘사되어 있다. 현재 그는 누렇고 쭈글쭈글한 얼굴에 이름도 바꾼 상태다. 과거와 완전히 단절한 것이다.

어느 날 가즈후미는 훌쩍 집을 나와 그대로 돌아가지 않았다. 다른 수천 명의 일본인들처럼 그도 스스로 증발해 숨어 사는 삶을 선택했다. 하지만 이제 세상이 자신의 것이라고 확신하며 살아가고 있었다. 현재 66세인 그는 한창 잘 나갔던 과거 이야기를 들려준다. 명문 대학을 졸업하고 자산관리 업무를 했다고 한다. "톱셀러맨(금융상품을 최고로 잘 파는 직원)이었죠!" 가즈후미가 영어를 써가며 말했다. 단정한 용모에 미래가 창창했던 젊은 시절의 그는 계속 높은 실적을 올리는 능력 있는 금융맨이었다. 그 일이 있기 전까지는. 어느 날 그는 잘못된 곳에 투자를 했다가 4억 엔을 고스란히 날렸다. 고객들의 비난이 이어졌고 상사들은 투자 손실의 책임을 물었다. 그는 막다른 벼랑 끝에 몰린 기분이었다. 마음속 깊은 곳에서 뭔가가 솟구쳐올라 온몸으로 퍼져나갔다. 그것은 용기가 아니라 깊은 수치심이었다. 1970년 어느 날 아침, 그는 아무런 말도 없이 무작정 열차를 타고 그대로 사라졌다. 그야말로 '증발'이다.

처음에 그는 도쿄의 어느 서민 동네에 사는 대학 동창 집에 숨어지냈다. 몇 주 동안 두 사람은 완전히 서로 모르는 사이처럼 살았다. 가즈후미는 점점 말을 하지 않았고 어느 날 또 다시 증발했다. 방황하던 그는, 어두운 곳이라면 어느 곳에나 있는 불법 고용주가 판치는 동네로 흘러들어가 일당 8,000엔 정도의 밑바닥 일을 시작했다. 먹고살려면 그 길밖에 없었다. 벽돌 나르는 일, 운전, 잠수부, 카바레 웨이터 등 닥치는 대로 일했다. 그렇게 그는 육체적으로, 정신적으로 단단해지고 있었다. 그리고 방랑자의 삶, 과거가 지워진 채 살아가는 법을 배웠다.

"새로운 삶은 생각하지도 않았습니다. 도망친 것이니까요. 그게 다죠. 도망치는 게 떳떳한 일은 아니죠. 돈도, 사회적 위치도 없어지거든요. 오직 살아남는 것이 중요해집니다."

하지만 가족들은 여전히 그를 잊지 않고 있다. 그는 고향에서 아버지가 자신을 찾는 전단지를 뿌리고 사립탐정에게 조사를 의뢰했다는 소식을 들었다. 빚쟁이들도 그를 찾아다녔고 아버지를 윽박질렀으나 이내 포기했다고 한다. 사라진 사람을 상대로는 소송도 할 수 없다. 그렇게 그는 몇 년간 방황하다가 위장 명의로 아파트를 빌렸다. 어느 날 신문을 읽다가 무엇이든지 처리해주는 해결사 '벤리야便利屋'라는 심부름센터를 알게 되었다.

화초에 물 주기부터 개 산책시키기, 골치 아픈 세입자 쫓아내기까지, 그야말로 각종 서비스를 대신해주는 회사였다. 당시 38세였던 그는 여기서 창업 아이디어를 얻어 '무엇이든 처리해드립니다'라는 간판을 단 회사를 차렸다. 이미 그는 어떤 물건이든 운반할 수 있는 자격증을 갖고 있었다. 그가 처음 맡은 서비스는 로드킬당한 개의 사체를 치우는 일이었다. 부패로 악취가 진동하고 벌레가 파먹고 있는 개 사체. 사람들은 그 끔찍한 사체를 보지 않으려고 일부러 멀찌감치 떨어져 지나갔다. 가즈후미도 역겹기는 마찬가지였지만 애써 누르고 개 사체를 치우는 더러운 일을 할 수밖에 없었다. 먹고사는 일이 무엇보다 급했기 때문이다. 그는 이때부터더 이상 그 무엇 앞에서도 물러나지 않겠다는 결심을 했다. 그다음에 맡은 일은 위험한 산업 폐기물과 전기 폐기물을 치우는 일이었다. 이후 물에 빠진 시신, 토막 살해당한 시체를 처리하는 등 어두운 사업을 계속했다.

한편 그는 또 다른 어둡고 은밀한 사업을 하고 있었는데, 야반도주하려는 사람들을 돕는 일이었다. 처음에는 그도 잠재 고객들의 배경에 대해 아는 것이 전혀 없었다. 고객마다 스스로 증발할 수밖에 없는 사정이 무엇인지 전혀 알지 못했다. 물론 광고를 한 적도 없었다. 고객들이 알음알음 입소문을 듣고 찾아왔거나 '무엇이든 처리해드립니다' 간판에 자석처럼 이끌려온 것이다. 전화로 사람들이 '이사'라는 말을 꺼내면 가즈후미는 그 뜻을 알아챘다. 하지만 야반도주를 도우려면 고객들의 사정을 정확히 알아야 했기에 이것저것 자세히 물어보았다. "사람들이 증발하는 길을 택한 이유

어두컴컴한 새벽, 야반도주하려는 사람들
이 소형 트럭을 타고 비밀의 장소로 몰래
이동한다.

는 복잡합니다. 하지만 '수상해 보이는 사람들과는 거래하지 않는다'가 나름의 원칙입니다. 경찰이었던 아버지로부터 선을 넘지 말라는 가르침을 받았거든요."

요즘 가즈후미 사장은 의뢰를 받아도 거절하는 일이 많지만 일단 계약을 맺으면 모든 일이 일사불란하게 이루어진다. 어두컴컴한 새벽에 수상한 이삿짐센터 직원들이 검은색 담요와 커튼을 들고 나타난다. 재빨리 창문을 가리고 가구 포장이 이루어진다. 대부분의 고객들은 처음에는 '가져갈 것이 별로 없다'고 하지만 막상 닥치면 가전제품까지 모두 가져가고 싶다며 마음을 바꾼다.

가즈후미와 직원들은 가능한 은밀하게, 그리고 재빨리 작업을 한다. 가즈후미 사장은 야반도주하기 전날 여성과 아이들에게는 어딘가에 숨어 있으라고 말한다. 야반도주하는 날이 되면 남자들만 짐 옮기는 작업을 지켜본다. 회사 전체가 야반도주하는 일도 있다. 이때는 가즈후미와 직원들이 더욱 정신을 바짝 차리고 작업해야 한다. 직원들은 구두 대신 운동화를 신고 혹시 소형 마이크 같은 것이 숨겨져 있지는 않은지 샅샅이 살펴본다. 그리고 흔적을 지우기 위해 가짜 주소를 포함해 혼선을 주는 증거들을 일부러 뿌린다. 일본 경제가 큰 위기를 맞던 1990년대, 극도의 불안 증세를 보이던 고객들은 칼과 몽둥이를 준비하기도 했다. "야반도주하는 날은 긴장이 철철 넘치죠. 혹여 빚쟁이들이 들이닥치지 않을까 하는 두려움에 고객들은 극도로 예

그는 또 다른 어둡고 은밀한 사업을 하고 있었는데, 야반도주하려는 사람들을 돕는 일이었다.

민해집니다. 주먹다짐과 쫓고 쫓기는 추격전이 벌어질 수도 있습니다."

그때 한 남자가 사무실로 들어와 가즈후미 사장에게 귓속말을 한다. 사무실 벽마다 집의 도면, 알아보기 힘들 정도로 휘갈긴 스케치, 손으로 그린 약도 등이 가득하다. "저는 특별히 사람들을 도쿄 내에서 이사시켜주고 있습니다. 여러분의 고국에서도 마찬가지겠지만 자발적으로 증발한 사람들을 찾는다는 것은 쉬운 일이 아닙니다. 증발한 사람을 찾느니 차라리 그냥 스스로 증발해버리는 편이 더 쉽죠." 가즈후미는 고객의 이름을 아무에게도 가르쳐주지 않는다. "그 사람들 모두 제 기억 속에서 지워버렸습니다." 가즈후미가 한숨을 푹 쉬며 쭈글쭈글한 손으로 커다랗고 누런 봉투를 조심스럽게 닫는다. 그런데 반쯤 열린 문틈으로 그가 중얼거리듯이 말을 내뱉는다.

"후지산 온천 쪽으로 가보십시오."

어느 날 가즈후미는 훌쩍 집을 떠나 그대
로 돌아가지 않았다.
"새로운 삶은 생각하지도 않았습니다.
도망친 것이니까요. 그게 다죠. 도망치는
게 떳떳한 일은 아니죠."

신칸센이 쏜살같이 공기를 뚫고 평화로운 태평양과 일본인들의 영원한 숭배 대상인 후지산 사이, 도쿄의 서쪽을 향해 질주한다. 흠잡을 데 없이 완벽한 원추 모양에 흰 눈이 덮여 있는 후지산富士山은 '태양의 나라' 일본을 상징하는 것으로 유명하다. 몸에 꼭 맞는 유니폼을 입은 신칸센 승무원이 판매할 간식을 들고 왔다 갔다 한다. 그리고 항공기 승무원처럼 우아한 몸짓으로 출구를 가리킨다. 일본인들에게 들은 이야기인데 신칸센 개통식 날, 몇몇 승객들이 플랫폼에 신발을 놓고 열차에 올라탔다고 한다. 그런데 도착했을 때 그들의 모습이 보이지 않아 사람들이 무척 놀랐다고 한다.

아타미 시熱海市*에 도착하기 몇 분 전, 통역이 우리에게 짐을 챙기라는 신호를 보낸다. 통역은 통통한 체구에 은퇴를 앞둔 영화감

독이었다. 우리는 비가 내리던 어느 날, 파리의 한 카페에서 그를 처음 만났다. 당시 나는 일본에서 취재 활동을 도와줄 사람을 찾고 있었다. 친구 기Guy는 자기 아내의 나라 일본이 얼마나 여성스러운 섬세함을 지녔고 움직임이 우아한지, 그리고 치안이 훌륭하고 대중교통이 편리한지를 열정적으로 설명했다. 그리고 친구는 이러한 소소한 모든 것들 덕분에 일본의 일상이 그토록 차분하다고 했다.

클리시 광장Place Clichy**에는 이미 밤의 어둠이 깔리고 있었고 그때, 친구는 일본에서 일어나는 이상한 현상을 간단히 설명했다. 매년 수만 명의 일본인들이 가출해서 영영 돌아오지 않는다는 것이었다. 이 중에는 이미 생을 마감했으나 시신이 아직 발견되지 않은 사람도 있다. 그 외의 나머지는 생사를 알 수 없는 상태다. '증발한 사람들'의 운명은 비명횡사하거나 영영 잊히거나 둘 중 하나다. 다른 길은 없다. 세계에서 일본만큼 '증발한 사람들'이 많은 나라는 없다고 그가 말했다. 인구 1억 2800만 명의 일본에서 증발한 사람들의 흔적을 찾는 일은 무모하면서도 흥분되는 도전처럼 느껴졌다. 그날 저녁, 내게서 이 이야기를 들은 스테판도 큰 관심을 보였다. 그리고 두 달 뒤, 우리는 문화적으로 낯선 일본으로 향

---

* 일본 시즈오카 현 이즈반도伊豆半島에 있는 도시로 온천으로 유명한 일본 최대의 관광도시다.
** 프랑스 파리에 위치한 광장으로 예술가들이 모이는 것으로 유명하다.

했다. 불가사의한 현상을 취재할 수 있다는 확신만이 유일한 나침반이었다. 후지산이 보이는 아타미 해수욕장은 온천으로 유명한 곳이다. 17세기 에도시대 때부터 지금까지 명성이 이어지는 곳이다. 사람들은 여기에 상상력을 발휘해 온천과 증발자들의 운명을 연결시켰다. 다른 곳에서 새로운 삶을 시작하기 전에 유황 가득한 온천의 수증기 속에서 과거를 깨끗이 씻어내려고 찾아온 도망자들의 이야기는 책과 영화, 연극의 소재로 사용되고 있다. 이 같은 은유에서 증발을 뜻하는 일본어 '죠-하츠蒸発'가 유래되었다.

가을의 어느 토요일. 역이 있는 동네라 사방이 시끌벅적하다. 기모노 차림의 여성들이 온천 광고지를 돌린다. 카운터 뒤로는 나이 든 여성들이 지역 특산물인 생선포와 만주*를 팔고 있다. 그중 나이 지긋한 여성 하나가 장어구이를 내온다. 그녀는 난로에 엉덩이를 쬐며 후지산의 온천에 대해 신나게 이야기한다. "언덕 위 다이칸소호텔 온천은 꼭 가보세요. 아타미에서 가장 오래된 온천인데 1928년에 생겼습니다. 저 길을 쭉 따라 올라가서 다리가 나오면 왼쪽으로 도세요."

"그런데 죠-하츠, 그러니까 증발한 사람들이 아타미에 찾아옵니까?"

순간, 나이 든 여성이 갑자기 말을 멈추고 침묵을 지키며 난롯가에서 열심히 손만 비빈다. 경찰들도 말을 아끼기는 마찬가지다. 다이칸소호텔에서는 경영진이 급히 보낸 푸른색 작업복 차림의 엔

---

* 쌀가루를 반죽해서 만든 껍질에 팥 앙금 소를 넣고 둥그스름하게 빚어 찐 일본 과자.

지니어가 곤란한 표정을 지으며 날 구석으로 끌고 간다. "저희 호텔에는 증발한 사람들이 묵고 있지 않습니다." 그가 경계하는 눈빛으로 말한다. "예전에는 일손이 모자라 지원하는 사람을 모두 채용했습니다. 하지만 요즘은 지원자의 출신, 가족 등에 대해 꼼꼼히 알아봅니다." 그는 이렇게 말하고 발길을 돌려 자리를 떴다.

구불거리는 길, 무역항, 콘크리트 잔교*, 낡은 호텔들. 아타미 해수욕장은 프랑스의 해변도시 브레스트Brest, 팔라바 레 플로 Palavas-les-Flots와 닮았다. 촌스럽고 지루한 분위기만 느껴질 뿐 비밀스러운 향기는 전혀 나지 않는 곳이다. 온천이 유명하다고 해서 기가 선택한 이곳 숙소에는 실종자의 흔적이 전혀 없다. 그리고 어디를 가든 증발한 사람들에 대해 내가 궁금해할 때마다 사람들은 한결같이 불편한 반응을 보인다. "저희 업소는 그런 곳이 아닙니다!" 어느 온천장의 주인이 흥분하며 말한다. "그저 전설처럼 떠도는 이야기입니다." 또 다른 온천장의 주인이 못을 박듯 말한다. 기가 온천장 주인들에게 사과한다. "증발은 금기시되는 주제라서 사람들이 그런 이야기를 수치스럽게 생각합니다." 침묵의 벽 앞에서 두려움이 커진다. 증발은 애매모호하면서도 자극적인 현상일까? 요즘 같은 세상에 사람이 흔적도 없이 증발해버릴 수 있을까?

카운터 뒤에 구부정하게 서 있던 호텔 지배인이 마침내 정보를 하나 알려준다. "온천 치료 전문가인 우치다 선생이라면 도움을 줄

---

* 부두에서 선박에 닿을 수 있도록 해놓은 다리 모양의 구조물.

지도 모르겠습니다." 우치다 선생은 작은 마을 한복판에서 보건소를 운영하고 있다. 입구에 놓인 작은 신발 약 서른 켤레가 오늘이 어린이날임을 알려준다. 북적이는 대기실에서 환자들은 한 시간을 꼬박 기다린다. 우치다 선생이 환자를 맞이하는 살균 처리된 진료실에는 간호사들이 바쁘게 움직이고 있다. 푸른색 가운 차림에 얼굴에 마스크를 쓴 우치다 선생이 단도직입적으로 말한다. "후지산의 온천은 수 세기 동안 명성이 자자한 곳이라서 사람들이 찾아오는 겁니다. 온천을 즐

요즘 같은 세상에 사람이 흔적도 없이 증발해버릴 수 있을까?

기고 나서 자살하는 사람은 거의 없습니다. 일반적으로 사람들은 여기 도시에서 며칠 동안 머뭅니다." 보조 간호사의 품에 안겨 진찰을 받던 아이가 울음을 터뜨리자 곧바로 다른 아이도 따라서 운다. 아이들이 울자 우치다 선생이 목소리를 높인다. "증발해 이곳에 온 사람들 중 일부가 료칸에서 청소부 같은 일자리를 찾기도 합니다. 온천이 실종자, 부랑자, 범죄자들을 자석처럼 끌어당긴다는 것은 누구나 아는 이야기라 비밀도 아니죠…. 주민들은 가즈코 후쿠다의 도주 사건을 여전히 잊지 않고 있습니다. 그 여성은 동료들을 살해한 후 약 15년 동안 도망다니다가 아타미 온천에서 경찰에게 발각되었습니다. 난리도 아니었죠…." 옆에 있던 수간호사가 참다못해 이렇게 말한다. "저라면 시즈오카 쪽에 있는 24시간 노천 온천으로 가보겠습니다."

일본어로 '조용한 언덕'을 뜻하는 시즈오카静岡는 아타미보다 후지산에 더 가까이 위치한 도시지만 별다른 매력이 없다. 주민 70만

명이 살고 있는 이 도시에는 창고 건물과 고층 빌딩이 가득한데 그
가운데 새로 지은 근사한 시설물이 눈에 띈다. 하나노유 온천. 여
가와 쇼핑의 성지라 할 수 있는 넓은 곳이다. 푹신한 양탄자를 따
라가다 보면 온천 주변을 둘러싸고 있는 레스토랑, 게임장, 영화
관이 나온다. 도쿄에서 두 시간만 떠나오면 낙원이 펼쳐진다. 도쿄
시민들은 이곳으로 가족과 함께 주말여행을 온다.

하나노유 온천의 다루노 우치노 대표는 편의시설의 신전과도
같은 이곳을 자랑스러워하며 우리를 직접 안내해주고 싶어 한다.
윤이 나는 구두와 말쑥한 차림의 그는 '뜨끈한 대리석'으로 된 바
닥, 소금과 모래 스파, 최신 사우나, 레스토랑의 메뉴를 열심히 설
명한다. 응접실의 붉은색 벨벳 방석에 앉은 그는 다시 한 번 이곳
시설의 장점을 자랑한다. 지루한 말은 얼른 끊어야 한다.

"증발한 사람들이 여기에 찾아온 적이 있습니까?"

우치노 대표는 마시던 차가 목에 걸린 듯 기침을 한다.

"증발한 사람들이 여기에요? 어….." 그가 오랫동안 머뭇거린다.
"가족과의 문제 때문에 혼자 오는 사람들이 종종 있기는 합니다,
예. 집을 나와서 막상 어디로 갈지 모르는 사람들이죠. 이곳의 장
점은 아는 사람과 마주칠 일이 적다는 것이죠. 게다가 24시간 영
업을 하고요."

"어떤 배경의 사람들입니까?"

"모릅니다. 저와는 관계없는 일이라서요."

우치노 대표가 자리에서 일어나 옷매무새를 가다듬는다. "확실
히 저희 온천장의 정성 어린 배려는 상처 입은 영혼들에게는 좋은

치유가 된다고 할 수 있습니다."

우리는 거의 빈 수첩을 들고 도쿄로 돌아갈 수밖에 없다.

일본인들이 야반도주하는 이유는 대부분 빚 때문이지만 이혼이나 실직 등 각종 실패로 인한 수치심도 주요한 원인이다.

사람들은 사라진 사람들이 수증기 속에서 과거를 깨끗이 씻어버리려고 온천을 찾아 온다고 생각한다. 이 같은 은유에서 증발을 뜻하는 일본어 '죠-하츠蒸発'가 유래되었다.

증발한 사람들은 도쿄나 다른 대도시 속에 숨어서 사는 경우가 많다. 이름만 숨기면 확실히 눈에 띄지 않기 때문이다.

혼잡하게 붐비는 도쿄는 촉수가 여러 개 달린 히드라처럼 길이 사방으로 뻗어 있고 쇼핑몰이 가득하다. 간판으로 뒤덮인 쇼핑몰은 인파를 피해 쉴 곳을 찾는 사람들로 가득하다. 증발한 사람들과 마찬가지로 그들이 숨어든 거리도 이름이 없으니 방향 감각을 똑바로 유지하기란 불가능에 가깝다. 어느 거리인지 알려주는 것은 숫자들의 복잡한 조합뿐이다. 박스형의 크고 작은 건물들이 논리적인 순서로만 배열되어 있는 것이 아니라서 일본인들조차 길을 헤맨다.

본인도 야반도주해 증발한 적이 있는 가즈후미는 증발한 사람들의 이야기를 다룬 텔레비전 드라마를 언급했다. 〈야반도주 사무소〉라는 제목의 이 텔레비전 드라마는 1990년대 말에 최고 시청률을 기록했다. 인터넷에는 이 텔레비전 드라마에 대한 설명이 영어로 요약되어 소개된다. "재정난에 빠지셨나요? 빚더미에 앉았나요? 컨설팅 회사 라이징선이 여러분을 도와드립니다. 대책을 세우기엔 너무 늦었나요? 도망치거나 자살하는 길밖에는 없다고요? 역시 라이징선에게 맡겨보세요. 낮에는 컨설팅 회사를 경영하는 마사히코 겐지가 밤에는 절박한 사람들에게 새 삶을 시작할 수 있도록 돕습니다."

이 텔레비전 드라마를 감독한 하라 타카히토와 트렌디한 도쿄의 중심부 신주쿠에서 만나기로 했다. 신주쿠의 네온사인들이 제각각 색깔과 기호를 뽐내며 자유분방하게 반짝인다. 무분별한 과소비를 부추기는 광고 음악에 맞춰 사람들은 무의식적으로 거대한 건물 안으로 우르르 들어간다. 하라 타카히토 감독은 4성급 호텔의 럭셔리한 소파에 앉아 정신없는 도시 풍경을 응시한다. 그는 몸을 굽혀 정중히 인사하고 명함을 건네준 후 마실 차를 주문한다. 〈야반도주 사무소〉를 연출한 그는 나이에 비해 젊게 사는 것 같다. 선탠한 구리빛 피부, 깔끔한 가죽 구두, 서핑 팔찌. 그리고 마치 호기심 넘치는 어린아이처럼 박장대소한다. 사회의 음지로 숨어버린 실종자들이 지금 우리 곁에 있기라도 한 것처럼 과감하게 손으로 허공을 가리키며 설명한다. 그는 잔뜩 흥분하며 이야기한다. "버블 붕괴는 비극적이었습니다. 부채의 액수와 상관없이 대출받은 사람들은 자살했죠. 일가족 전체가 자살하는 일도 있었고 야반도주하여 신원을 바꾸고 새로운 삶을 살기로 한 가족들도 있었습니다."

〈야반도주 사무소〉는 일본의 암울했던 이 시기를 배경으로 한다. 4년 동안 투기 광풍이 불던 1989년 도쿄 주식의 급락을 시작으로 부동산 가격의 폭락, 경기 침체, 디플레이션이 이어지면서 일본은 '잃어버린 10년'의 늪에 빠져버렸다. 약 50만 명이 부채를 갚을 수 없는 상황이 되었다. "증발은 옛날부터 있었던 일이지만 1990년대에 증발 건수가 급증했습니다." 하라 타카히토가 힘주어 말한다.

〈야반도주 사무소〉는 할리우드 영화처럼 박진감 넘치면서도 기괴하다. 눈물을 쥐어짜는 이별 인사 장면이 있다가도 갑자기 여러 우여곡절 사건, 라이징선 컨설팅 팀이 일상으로 겪는 끝없는 추격전이 이어진다. "언론이 나서서 말하지 못했던 문제, 그러니까 증발 사건과 야쿠자와의 관계를 유머러스하게 다루고 싶었습니다." 하라 타카히토는 부동산 가격이 매달 두 배로 뛰어오르던 버블경제 시기에 야쿠자들이 합법적 비즈니스 뛰어들기 시작했다고 말한다. 버블경제가 한창이던 시기, 야쿠자 보스들이 최고급 레스토랑에 공공연하게 모습을 드러냈고 정재계 인사들과 골프를 쳤으며 이들을 뒷배 삼아 이사회에서 자리를 차지하기도 했다. 야쿠자 보스들과 정재계 인사들은 서로 뒤를 봐주는 관계였다.

인구 밀도가 높은 일본에서 사업가들은 야쿠자에게 의뢰해 개발 예정지의 주민들을 쫓아냈고 낡은 집을 허물고 새집을 건설했다. 보상금을 준다고 해도 원래의 집에서 나가지 않겠다고 버티는 주민들은 보복을 당했다. 야쿠자의 행동 대원들이 아파트 입구를

1989년 도쿄 주식시장의 급락을 시작으로 부동산 가격의 폭락, 경기 침체, 디플레이션이 이어지면서 일본은 '잃어버린 10년'의 늪에 빠져버렸다.

각종 쓰레기나 오물로 더럽히며 경고의 수위를 높여갔다. 뿐만 아니라 아파트 아래에서 확성기를 단 소형 트럭들을 세워놓고 극우적인 정치 메시지를 크게 외치기도 했다. 이런 협박도 통하지 않으면 폭력의 강도가 높아졌다.

버블경제 시기에 일본 서민들은 여기저기 대부업체에서 돈을 빌렸다. 이를 가리켜 샐러리맨 상대의 소액 고리대금업을 뜻하는 '사라리만 킨유サラリーマン金融'의 줄임말 '사라킨'이라고 불렸다. 많은 대부업체들이 연 100퍼센트가 넘는 과도한 이자율을 적용했고 은밀히 야쿠자와 손을 잡았다. 수금 역할을 맡은 야쿠자들은 돈을 제때 갚지 못하는 사람들을 상대로 이자의 액수도 올리고 협박의 수위도 높였다. 나중에는 일부 야쿠자들은 직접 대부업체를 소유하기도 했다. 야쿠자가 운영하는 불법 대부업체에서 빌린 돈을 '야미킨闇金'이라 불렀고 피해자는 수천 명에 달했다.

빚을 갚을 수 없던 많은 사람들이 결국 야반도주를 택했다. 1990년대 중반에는 이렇게 야반도주한 사람들의 수가 매년 12만 명을 기록하며 정점을 찍었다. 그러면서 언론에서 이런 사건을 주목하기 시작했다. 무늬는 이삿짐센터지만 은밀히 야반도주를 돕는 업체들도 늘어났다. '요니게夜逃げ'는 신중하게 이루어졌다. 일본어로 '요'는 '밤'을, '니게'는 '도주'를 뜻한다.

> 빚을 갚을 수 없던 많은 사람들이 결국 야반도주를 택했다.

《야반도주 사무소》는 매우 사실적인 작품입니다." 《야반도주 사무소》의 감독은 야반도주하는 사람들을 생생히 그리기 위해 지난 사회면 기사들을 열심히 읽었다. 뿐만 아니라 음지에서 양지로 나온 증발 사건 전문가에게 자문을 구하기도 했다. 감독은 내게 그 전문가를 소개시켜주겠다고 했다. 그로부터 며칠 후, 도쿄만의 활기차고 번잡한 항구도시 요코하마에서 그 전문가와 만나기로 약속을 잡는다.

승객들이 가득한 열차가 다시 한 번 빠른 속도로 도시를 지나간다. 라스베이거스처럼 현란한 간판들, 쇼핑센터, 육교, 새로 지어진 작은 목조 주택들, 시멘트탑이 요란하게 보인다. 요코하마는 도쿄에서 30킬로미터 정도 떨어져 있지만 어디가 도쿄이고 어디가 요코하마인지 구분하기 힘들 정도로 비슷하다.

하토리 쇼가 역에서 가까운 호텔의 깔끔한 로비에서 기다리고 있다. 그는 곧바로 무알콜 음료를 주문한다. 키는 작지만 근육질에 다부진 몸을 가졌으며 얼굴에 칼자국이 있는 것이 영락없는 야쿠자의 모습이다. 은 목걸이, 검은색 셔츠, 경계를 늦추지 않는 눈빛. 그는 9년 동안 평범하고 작은 이삿짐센터를 운영했다. 그러던 어느 날 단골 노래방에서 만난 어느 여자로부터 집기들과 함께 '야반도주'할 수 있게 도와달라는 부탁을 받았다. 그 여자는 자신의 인생을 망친 남편의 빚을 더 이상 견딜 수 없다고 했다. 쇼는 그녀의 부탁을 들어주었다. 이후 젊은 사장 쇼는 야반도주를 돕는 서비스가 새로운 수익원이 될지도 모르겠다는 생각을 했고 '심야 이사'라는 전단지를 인쇄했다. "눈 깜짝할 사이에 하는 이사" 요즘은 이렇게 표현한다. 고객들은 전단지에 적힌 글의 의미를 곧바로 이해했다. 주식이 폭락하던 시기에 맞물려 심야 이사 서비스를 신청하는 사람들이 급증했다. 그들에게 쇼는 구세주 같은 존재였다. 그는 직원과 야반도주를 신청한 고객을 모두 사무실로 불러 칠판에 지도를 그리면서 가장 좋은 은신처를 찾고 가능한 모든 시나리오를 예상했다. 야반도주를 돕는 서비스는 비용이 40만 엔(약 400만 원)으로 일반 이사보다 세 배나 비쌌다.

샐러리맨, 대학생, 쇼핑과 명품에 중독된 주부. 빚에 허덕이던 고객들은 빚쟁이로부터 도망치겠다는 것이 공통된 목표였다. 하지만 증발한 사람들 중에는 빚을 갚지 못한 사람들만 있는 것은 아니다. 하토리 쇼는 시험을 망친 대학생, 남편이 바람난 여자, 기숙사 잡일에 진절머리가 난 대학생의 야반도주도 도왔다. '밤의 마법사'로 통하는 그는 비밀을 철저히 지켰다. 그의 고객들은 대부분 가족과도 한마디 상의 없이 야반도주를 계획한다고 했다. 그가 버텨보라고 조언을 해도 고객들의 강한 의지를 꺾을 수 없음을 잘 알고 있었다.

시간이 지나자 쇼는 우울한 사정이 있는 고객들의 야반도주를 돕는 일에 슬슬 신물이 나기 시작했다. 기타노 다케시의 영화 〈소나티네ソナチネ〉(1993)에서 오키나와에 머물게 된 주인공 야쿠자처럼 쇼도 새로운 삶을 살기로 하고 증발에 관한 증언집을 출간했다. 1997년에 출간된 《야반도주 가게夜逃げ屋》는 북유럽 추리소설 같은 묵직함은 없지만 사실성이 돋보인다. 일본은 물론이고 미국과 유럽 언론도 이 책에 주목했다. 자신을 '작가이자 프로듀서, 매니저'로 소개하는 쇼는 자신이 도와준 야반도주자들이 행복하게 살고 있을 것이라고 주장한다. "흔히 사람들은 야반도주를 비겁하다고 생각합니다. 하지만 이 일을 하다 보니 사람들을 돕는 것이라는 사실을 알게 되었습니다."

이제 쇼는 이 은밀한 사업에서 손을 뗐다. 그의 말에 따르면 야반도주자들은 자유롭게 해방되어 비밀의 은신처에서 과거를 지우고 새 삶을 살고 있다고 한다. 그러니까 이제 와서 이 사람들의 삶을 방해할 수 없고 더구나 이들에게 연락해 나를 소개시켜줄 수는 없다고 못 박는다.

헤어지기 전, 쇼는 열일곱 살 된 딸을 불러서 인사시켰다. 가라테 챔피언이라는 소녀는 땋은 머리에 주름치마 차림의 멋쟁이다. 쇼는 딸에게 큰 기대를 걸고 있다. "이 아이는 머지않아 스타 배우가 될 겁니다." 그렇게만 된다면 그는 그동안 살아온 인생을 멋지게 보상받게 될 것이다. 그 역시 빚쟁이들을 피해 교토를 몰래 떠난 부모님을 따라 어릴 때부터 증발자로 살아온 과거가 있다.

하토리 쇼는 9년간 야간 이삿짐센터를 운영하며 사람들이 야반도주를 도왔다.

신발 속으로 진흙이 들어와 천천히 한 발
자국씩 앞으로 간다. 나무들에게 말을 걸어본다. 허공 속에 울리는
거실의 전화벨, 화가 머리끝까지 난 사장, 눈물 흘리는 아내를 상
상해본다. 그리고 여느 때와 마찬가지로 실용적인 성격을 발휘해
이미 사설탐정을 고용했을 아버지. 탐정이 여기저기 뒤진 아파트,
열어본 우편물. 탐정은 무슨 생각을 할까? 내가 약해빠진 놈이라
고 생각하겠지?

　이틀간 걷다 보니 발은 진흙투성이에 옷은 축축하게 젖어 있다.
짐승의 울음소리가 들릴 때마다 무서워 죽겠다. 밤의 숲은 정말 끔
찍하다. 열차에서 내려 후지산 아래 아오키가하라青木ヶ原* 숲으로

---

* '자살의 숲'으로 알려진 후지산 서북쪽에 위치한 자살 명소. 각종 괴담이 전해지며 〈포
　레스트: 죽음의 숲〉(2016)이라는 공포영화의 배경이기도 하다.

들어갔다. 여러 전설, 용암으로 만들어진 올가미 모양의 지형, 더 이상 북쪽 방향을 가리키지 않는 나침반, 마법 같은 안개, 몰래 자살하러 온 절망적인 사람들을 자석처럼 끌어당기는 숲. 아오키가하라는 '나무가 울창하게 우거진 숲'을 의미하는 '주카이樹海'라는 별명으로도 불린다. 나는 빽빽하고 어두운 나무들이 이루는 물결 속으로 빨려 들어간다. 나무에 목을 매달아 자살한 나의 모습, 부패한 내 시체를 발견하며 얼굴을 찌푸리는 남자의 모습을 상상한다.

이틀간 걷다 보니 발은 진흙투성이에 옷은 축축하게 젖어 있다. 짐승의 울음소리가 들릴 때마다 무서워 죽겠다. 밤의 숲은 끔찍하다.

부족함이 없었던 어린 시절, 빛나던 학창 시절, 출발부터 좋았던 엔지니어로서의 커리어… 내 인생이 주마등처럼 지나간다. 외아들로 태어나 식구라고는 달랑 셋뿐이었지만 집은 넓은 편이었다. 하지만 나는 즐거웠던 기억이 없다. 아버지가 퇴근해 집에 돌아올 때쯤이면 나는 이미 잠들어 있었고 학교로 날 데리러오던 어머니는 언제나 슬프고 뭔가를 추억하는 표정이었다. 가끔 어머니가 보이지 않으면 겁이 났다. 어쩌면 어머니가 동경하던 좀 더 신나는 인생을 찾아 훌쩍 떠나버릴지도 모른다는 생각이 내 가슴속 깊은 곳에 자리 잡고 있었는지도 모른다.

나무들이 바람 따라 춤을 추고 비가 내 몸을 깨끗하게 씻겨준다. 결혼생활에서 남은 것은 무엇일까? 희색 기모노 차림의 그녀. 내가 너무나 좋아했던 긴 머리를 완벽하게 틀어올린 그녀. 결혼 전, 아내는 대학에서 가장 예쁜 여학생이었고 동기 남학생들은 그녀에게 빠져 있었다. 그리고 가문의 문장이 새겨진 감색 정장을 입은 나. 결혼식에서 우리 사장은 사랑과 일, 나의 유망한 재능, 앞으로 우리 회사가 건설하게 될 쇼핑몰과 사무실을 위해 건배했다.

아내와 나는 오사카 서쪽 끝에 위치한 방 두 개짜리 집에서 살았다. 흰색 거실에는 붉은색 얼룩이 하나, 아내가 가장 좋아하는 화가 마르크 로스코Mark Rothko*의 모사화가 한 점 걸려 있었다. 아내는 젊음을 즐기고 싶다며 아이를 원치 않았다. 하지만 실제 우리의 생활은 '젊음을 즐기는 일'과 거리가 멀었기 때문에 즐긴다는 건 말뿐이었다. 나는 평일 저녁은 물론 토요일까지 사무실에 머물기 일쑤였고 휴가는 고작 1년에 열흘뿐이었다. 아내는 갤러리에서 파트타임으로 자원봉사를 하며 인턴 정도의 쥐꼬리만 한 보수를 받았다. 내가 돈을 잘 버니 그나마 다행이었다.

아내가 혼자 집에 있던 어느 날 누군가 초인종을 눌렀다. 집 앞에 서 있는 짙은 색 양복 차림의 두 남자가 짧게 말했다. "건설사가 이 집을 허물고 현대적인 고층 빌딩을 지을 예정이니 집을 비워주셔야겠습니다." 두 번째 찾아왔을 때도 남자들은 같은 말을 했다. 뒤에 크고 건장한 남자를 거느리고 온 작은 남자가 차갑고 위협적인 말투로 메시지를 전달했다. 아내가 얼른 우리 회사로 전화를 걸었다. 그다음 날, 우리 집 우체통이 열려 있는 것을 보았다. 당시는 모두 투기에 열을 올리던 시기라 투자자들은 집주인들을 내쫓기 위해 각종 불법적인 수단도 서슴지 않았다. 아내와 나도 이미 알고

---

* 러시아 출신의 미국 화가. '색면 추상'이라 불리는 추상표현주의의 선구자.

있는 사실이었으나 이미 많은 이웃들이 이사를 떠난 상태였다.

아내는 겁에 질려 짐을 싸서 친정으로 가버렸다. 밤늦게까지 일하고 퇴근한 나는 홀로 침대에 누웠다. 이런 저런 생각이 들었다. 특별히 애착이 가는 집도 아니라서 팔아치울 수도 있었다. 파는 자체는 어렵지 않았다. 다만 당시에는 그 아파트를 파는 게 바다를 헤엄쳐서 건너는 일만큼이나 어렵게 느껴졌다. 그 집을 살 때 아버지는 돈을 일부 보태주면서 왜 이런 집을 선택했냐고 타박을 주었다. "위치도 별로고 너무 어두운 데다가 좁아"라고 했던 아버지가 떠올랐다. 아버지와는 잘 지낸 적이 없었다. 아버지는 내가 하는 것을 늘 못마땅하게 생각했다. 아버지는 틈만 나면 내 나이 때 이미 프로젝트 수석 엔지니어였다고 말했다. 아버지와 나는 사이에 마치 단단하고 두꺼운 장벽이 놓여 있기라도 한 것처럼 서로 통하지 않았다. 전혀 안 통했다.

그렇다고 나마저 짐을 싸서 장인어른 댁에 들어갈 수도 없는 노릇이었다. 얼마나 꼴불견이겠는가. 궁지에 몰린 기분이었다. 언젠가 그 건장한 남자가 찾아와 날 흠씬 두들겨 패 죽여서 내 시체를 쓰레기장에 던져놓겠지. 몸 여기저기가 쑤시고 머리가 아프다. 과로한 탓이다. 천장의 얼룩이 몇 개인지 세어봤다. 결심을 하자 비로소 안개 속을 뚫고 나온 기분이었다. 마치 새로운 목표가 생겨 다시 현실로 돌아온 것 같았다. 샤워를 하고 서재의 책을 정리한 후 마른 꽃다발을 흰색 탁자 가운데에 놓았다. 그리고 쪽지를 남겼다. '죄책감 때문에 떠나. 이런 일을 겪게 해서 미안해. 날 기다리지 마. 당신을 절대 잊지 않을 거야.'

비 내리고 바람 부는 숲속에서 아내에게 남긴 쪽지의 글을 생각하니 괴롭다. 가방 안에는 밧줄이 들어 있다. 세상과 이별하려고 이곳을 찾은 것이다. 가방을 낙엽 더미 위에 놓는다. 열쇠와 돈은 그대로 버리고 차가운 숲속을 계속 걷는다. 졸음이 몰려오지만 겨우 참는다. 밤이 되면 숲은 요란한 소리를 낸다.

날씨가 화창하다. 눈을 뜬다. 나이 든 남자가 몸을 굽혀 내 얼굴을 바라본다. 그가 밥과 된장국, 생선구이를 내온다. 두꺼운 스웨터 차림의 그가 밥을 먹는 나를 말없이 바라본다. 분명 그는 나와 같은 사람을 이전에도 발견했을 것이다. 다시 기운이 난다. 그러나 폐를 끼치고 싶지는 않다. 남자는 내게 지폐 몇 장을 쥐어주고는 내가 현관문을 나서는 모습을 바라

쪽지를 남겼다. '죄책감 때문에 떠나. 이런 일을 겪게 해서 미안해. 날 기다리지 마. 당신을 절대 잊지 않을 거야.'

본다. 내 외투, 남자가 깨끗이 닦아 놓은 모자와 신발을 착용하고 도쿄행 열차에 몸을 싣는다. 더 이상 나는 아무것도 아니다. 나 자신도 아니고 다른 사람도 아니다.

새벽이다. 마치 전에 이 길을 와본 적이 있는 것처럼, 마치 사후의 목소리에 이끌려온 것처럼 무의식적으로 어느 창고 건물 쪽으로 간다. 무뚝뚝한 청년들이 트럭에 올라타라는 신호를 보낸다. 그렇게 나는 공사판의 일용직 노동자가 되었다. 몇 달 전에 청사진을 그려본 것과 비슷한 인생이다. 일은 고되지만 품삯은 정확히 지급된다. 작성할 서류도 없어서 발각될 위험도 없다. 저녁마다 트럭이 노동자들을 데리러 온다. 가끔은 2주, 심지어 한 달이 꼬박 걸리는

공사도 있었다. 우리 노동자들은 막사에서 잠을 잔다. 집 없는 사람들에게는 안성맞춤이다. 한번은 경찰들이 범인을 찾으러 이 동네에 들이닥친 적이 있다. 다행히 나는 그날 저녁 술집에 있어서 경찰에게 이름을 댈 필요가 없었다.

위기가 다가왔다. 버블이 꺼졌다. 도쿄에는 더 이상 희망이 없다. 오사카로 돌아가고 싶다. 뭔가 다른 것을 원한다. 고향 오사카도 이미 변했다. 굴뚝과 공장은 고층 빌딩들에게 자리를 내준 지 오래다. 불법으로 운영되는 세탁소에서 일자리를 얻고 방도 새로 빌린다. 그전에 살던 방과 비슷하지만 더 깨끗하고 환하다. 저녁에는 가로등이 켜진 밝은 도시를 걷는다. 도시의 심장이 뛰는 소리, 도시의 에너지와 음악이 느껴질 때 기분이 좋다. 아내의 꿈을 자주 꾼다. 사람들 사이에서 아내를 본 것 같은 착각이 든다. 지금 나는 소소한 즐거움을 누리는 삶을 살고 있다. 그러나 일하던 세탁소가 문을 닫으면서 좌절감과 수치심, 피로, 지끈거리는 두통이 다시 찾아온다. 추락의 속도는 빠르다. 나의 추락을 제3자의 입장에서 담담하게 바라보는 기분이다. 나는 아냐, 아직은 아냐. 이가 빠지고 있다. 자살할 순간이 다가온다. 있으나 마나 한 쓸모없는 존재. 이렇게 살다보면 미쳐가는 게 당연하다. 어느 순간 나는 미쳐버릴 것이다. 하지만 나는 운이 좋다. 어쨌든 운이 아직 남아 있다.

어느 날 저녁, 잠을 자는 곳에서 멀지 않은 다리 아래로 된장국 배급을 받으러 간다. 나는 완전히 취해 있다. 자원봉사를 하던 여자 한 명에게 다가가 말을 건다. 웬일인지 그녀는 미소를 짓고 나를 바라본다. 그러니까, 나를 유령 취급하지 않고 바라본다. 누군

노숙자 한 명이 도쿄만 근처의 도로변에 누워 있다. 실종과 마찬가지로 빈곤과 차별도 일본 사회에서는 금기시되는 주제다.

가 나를 이렇게 사람처럼 봐주는 게 실로 오랜만이다. 갑자기 나는 세상에 존재하는 사람, 살아 있는 사람이 된다. 몸이 노곤해진다. 여자와 나는 차들이 지나가는 다리 아래에서 이야기를 나눈다. 그리고 다음 날 목요일도, 그다음 날에도 계속 이야기를 나눈다. 이런 내가 바보 같아 보이겠지만 그녀와의 짧은 소통 덕분에 아침마다 일어날 이유가 생겼다. 얼마 후 나는 자원봉사자들을 도와 된장국을 나눠주는 일을 시작했다. 따뜻한 커피와 헌옷도 나눠준다.

친구가 나를 어느 식당의 여사장에게 추천한다. 마침 그녀는 장을 보고 설거지와 청소 등 잡일을 할 사람을 찾고 있었다. 바가 있고 탁자가 네 개 놓여 있는 작은 카페. 저녁에만 문을 여는데 요리가 다양하고 저렴해서 동네 사람들에게 인기가 많다. 어느 날 나는 여사장에게 내 이야기를 털어놓는다. 그녀는 상처투성이의 과거를 지닌 나를 있는 그대로 받아준다. "아내에게는 언제 전화할 거야?" 여사장이 자주 묻는 말이다.

결단을 내린 것은 2년 전이다. 정말로 보고 싶은 사람을 다시 만난다는 것은 어떤 모습으로 그 앞에 나타날지 생각하는 일이기도 하다. 다림질한 와이셔츠와 짙은 색 양복을 입는다. 하지만 아직은 아내를 볼 수 없다. 너무 힘든 일이니까. 그래서 아내의 오빠, 그러니까 처남의 집을 찾아간다. 문을 열어준 것은 처남이다. 아직 이사 가지 않고 예전에 살던 집에 그대로 살고 있다. 처남은 주름이 지고 배가 나왔지만 곧바로 알아볼 수 있다. 내 이름을 말하자 처남은 마치 내가 도둑이라도 되는 것처럼 눈앞에서 문을 쾅 닫는다. 다시 초인종을 누른다. 잠시 후 처남이 처남댁과 함께 나온다. 두 사람은 이가 빠진 채 그들 앞에 서 있는 나를 오랫동안 뚫어지게 바라본다. 두 사람은 가장 놀란 것은 괴물과도 같아 보이는 내 추한 입이다. 두 사람은 깜짝 놀란 모습으로 중얼거린다. "그래 맞아."

처남 부부의 아파트가 이렇게 화려하고 안락한 곳이었는지 몰랐다. 갑자기 안락함이 무엇인지 기억나지 않는다. 처남 부부가 보여준 반응은 예상 밖이었다. 어쩌면 조금이나마 따뜻함을 기대했는지도 모른다. 두 사람은 뭔가 매우 불편한 듯 차를 엎지르고 말도 더듬는다. 어떻게 행동해야 할지 몰라 서로 눈치만 보고 있다. 처남댁이 어색한 미소를 짓는다. 우리 부모님은 돌아가셨다고 한다. 아버지가 먼저 돌아가셨고 어머니가 그 뒤를 이었으며 두 분 모두 화장했다고 한다. 그러면서 부모님의 장례식에는 사람들이 많이 왔다고 한다.

충격을 받아 온몸이 뻣뻣해진다. 실망감. 이번에는 내가 숨을 쉬기 힘들다. 마음이 아프다. 이어서 아내의 소식을 전한다. 아내는 이미 오래 전에 재혼을 했다고 한다. 아이는 둘이고 새 남편은 오사카대학의 교수라고 한다. 아내는 날 많이도 찾아다녔고 울기도 많이 울었다고 한다. 내가 사라지고 10년이 되어도 아무 소식이 없자 아내는 사망 신고를 했다고 한다. 도대체 나는 무엇을 기대한 것일까?

그 후로 나는 서서히 죽어가고 있다. 잃어버린 행복은 절대로 되찾을 수 없다.

외부는 유리로 되어 있고 화려한 내부의 성당이 도쿄만을 굽어보고 있다. 단정하게 예복을 차려 입은 신랑과 신부가 환하게 빛난다. 여기저기 장식되어 있는 꽃과 바이올린. 양가 가족들이 행복한 표정으로 결혼식을 지켜본다. 주례를 맡은 신부는 받침대에 놓인 두꺼운 성격책의 구절을 엄숙하게 읽은 후 굵은 목소리로 신랑과 신부에게 반지를 교환하라고 말한다.

얼핏 완벽한 결혼식 같지만 여기에는 속임수가 숨어 있다. 사실, 주례를 보는 신부는 돈을 받고 연기하는 가짜다. 이곳은 성당처럼 꾸며진 예식장이고 사제의 정체는 가톨릭과 전혀 관계없는 프랑스어 강사다. 더구나 그는 무신론자다. "백인 사제는 좀 더 멋진 분위기를 연출하죠." 니콜라가 카푸치노 거품을 저으며 털어놓는다. 강의 시간이 줄면서 어려운 시기를 보내고 있던 그는 우연히 짧은 문구의 공고를 보게 되었다. '가톨릭 결혼식의 주례를 맡아줄 서양인을 구합니다.' 일본에서 가톨릭 신자는 1퍼센트밖에 안 되지만 일본인의 70퍼센트가 흰색 웨딩드레스와 반지 교환, 키스, 쌀 던지기로 대표되는 서양식 전통 결혼식을 하고 싶어 한다. 사제 옷을 입은 신부는 이러한 서양식 결혼을 최고로 빛내주는 하이라이트다.

니콜라는 일본어판 성경의 여덟 페이지에 걸친 예식 집전 과정을 정확하게 숙지하기 위해 동작을 연습했다고 한다. 원래 직업이 프랑스어 강사인 이 가짜 신부는 결혼식 비디오들을 보고 오르간 연주자와 리허설을 하고 사제복을 빌려서 가짜 성당에서 처음으로 결혼식 주례를 봤다고 한다. 얼마 지나지 않아 이 가짜 신부는 일에 재미를 붙였다. 요즘, 니콜라는 자연스럽게 분위기를 유도하고 있으며 감격에 겨워하는 얼굴, 그들이 흘리는 눈물, 꽃을 보는 것이 즐겁다고 한다. "어쨌든 그 사람들의 인생에서 가장 아름다운 날이잖아요." 다양한 이력을 지닌 다른 후보들도 가짜 신부 역할을 맡기 위해 기웃거린다. 강사, 바텐더, 주머니 사정이 좋지 않은 집안의 가장, 이국적인 모험을 찾아온 구직자들. 신랑과 신부가 이 같은 사기극의 공범이 된다. 심지어 결혼식에 국제적인 분위기를 주기 위해 하객 역할을 할 외국인들을 고용하는 서비스를 이용하는 신랑 신부도 있다. 서구권 친구 커플만큼 근사한 사진 배경이 또 있을까? 웃음에서 눈물까지 거짓이 여기저기 넘쳐난다.

필요한 역할과 속임수는 무엇이든 생각할 수 있다. 대신 조건이 하나 있다. 지불 능력이 있을 것! 가짜 친구는 외로움을 달래준다. 해고되었다는 사실에 수치심을 느낀 샐러리맨은 가짜 사장을 고용해 가족을 속인다. 모태솔로 여성의 초조함은 가짜 남편이 달래준다. 가짜 아버지가 딸을 결혼시키고 있는데 정작 본인의 딸은 실종 상태다. 장례식에도 가족 같은 분위기를 만들어줄 수십 명의 사람들이 고용된다. 형식을 중시하는 관습 때문에 이 같은 대행 서비스가 인기를 얻고 있다. 동시에 대행업체들은 체면을 중시하는 풍조와 그에 따른 스트레스, 사회를 좀먹는 고독감을 이용해 돈을 번다. 니콜라는 실종자들을 고용하는 업체도 있는 것 같다고 말한다. 자기 자신도 속이는 사람에게 다른 사람의 역할을 대신하는 일쯤은 아무것도 아니다.

과거 스테판은 도쿄에 위치한 주일 프랑스문화원에서 사진전을 연 적이 있다. 마치 뱃머리에 선 것처럼 느껴지는 방에서 사진전을 열었는데, 흰색의 커다란 건물과 철로가 내려다보였다. 그곳에서 레스토랑을 운영하는 밥, 의류 수입 일을 하는 프랑스계 포르투갈인 필리프, 영어 강사로 일하고 있지만 호주로 돌아가면 일본에서의 과거를 세탁하고 정식 사제가 되려는 말론을 만났다. 그중 하나가 니콜라를 우리에게 소개시켜주었다. 혹시나 실종자들의 또 다른 흔적을 찾을 수 있지 않을까 하는 생각에 우리는 가짜 신부와 관련된 사람들을 만나 이야기를 들어보기로 했다.

어느 대행 서비스 업체의 대표는 전화에서 정당한 비즈니스를 하는 것이라고 설명한다. "가짜 성직자를 결혼식에 주례로 보내기는 하지만 교회를 모욕한다고 생각하지는 않습니다. 수요가 있으니까 하는 것이죠. 비즈니스니까 의뢰받은 대로 신부 역할을 제대로 해주기만 하면 됩니다."

도쿄의 어느 사제는 이에 대해 불쾌함을 숨기지 않는다. 반면 또 다른 사제는 미소를 지으면서 17세기에 일본을 개종시키지 못한 교회가 이런 식으로 소심하게 복수하는 것 같다고 말한다. 일본에 거주하는 외국인들과의 저녁 식사 모임에서 만난 어느 독실한 가톨릭 신자는 위선이란 생각하기 나름이라고 이야기한다. "프랑스와 미국에서는 많은 사람들이 진짜 신부를 통해 결혼으로 맺어지지만 결국 절반은 이혼합니다. 이에 비해 일본에서는 헤어지는 커플의 수가 훨씬 적습니다. 진짜 신부냐 가짜 신부냐와 관계없이 커플이 진지하지 않다면 결혼이 깨지는 것 아닐까요? 그리고 진짜 신부란 무엇일까요?"

모임 다음 날, 프랑스문화원에서 다시 만난 기는 기대감에 들떠 있었다. 증발해 살고 있는 사람에게 이야기를 들려달라고 설득하는 데 성공했다는 것이다. 각서에 따라 처음에는 혼자 증발한 사람의 집에 찾아갔다. 한 번 만나는 것이라도 자기소개를 해야 한다. 정해진 일정과 각서대로 해야 갑작스러운 상황 때문에 빚어지는 곤란한 상황을 피할 수 있다. 참을성 없는 사람들에게는 지나치게 신중한 절차 자체가 악몽일 테지만 말이다.

친구가 말한 실종자들은 도쿄 북서쪽의 조용한 서민 동네에 살고 있다. 작은 집들이 얼마 되지 않는 공간에 경쟁이라도 하듯 다닥다닥 붙어 있다. 방금 일을 마치고 돌아오는 사람들의 그림자가 어슴푸레한 빛을 받아 창가에 비친다. 그러나 우리에게 방향을 알려줄 수 있는 사람은 아무도 없다. 미리 도착하는 것이 예의지만 아무래도 늦을 것 같다.

마침내, 친구가 목적지인 작은 집을 찾아낸다. 다른 두 집 사이에 끼어 있는, 소박해 보이는 집이었다. 두꺼운 털 스웨터 차림에 콧수염을 기른 남자가 우리를 맞이한다. 거실에서 주인 이치로가 짝이 안 맞는 의자들을 내온다. 난방이 제대로 들지 않는 부엌에는 금방이듯 떨어질듯 너덜거리는 찬장과 그릇 더미, 자질구레한 물건, 인형, 스노우볼, 아이들의 그림이 빽빽하게 놓여 있다. 잠시 후, 이치로의 조용한 아내가 우체국에서 퇴근해 돌아온다. 그녀는 비닐봉지에서 달콤한 소스를 입힌 동그란 빵과 생선꼬치를 꺼낸다. 얼른 탁자보가 깔린다.

긴장된 분위기가 흐르고 깨기 힘든 무거운 침묵이 흐른다. 맏아들 팀은 탁자 앞에서 어색한 듯 아무런 움직임 없이 서서 카펫을 뚫어지게 바라본다. 윗층 침대에 누워 있는 할머니(이치로의 어머니)가 마른기침을 한다. 이치로와 그의 아내가 탁자 양쪽 끝에 앉아서 서로 마주본다. 두 사람은 우리가 왜 여기에 왔는지 알고 있다. 프랑스인 친구와 약속한 것이 있기에 부부는 더 이상 피할 수 없다. "예전에 저희는 벚꽃으로 유명한 관동 지방의 사이타마 현에 살았습니다." 이 말을 시작으로 이치로가 과거를 더듬어간다. 그는 가죽을 만드는 일을 하던 부모 밑에서 자랐으나 운동을 했다. 스무살에는 검도 강사가 되어 경찰들에게 야간에 검도를 가르치기도 했다. 집안 배경치고는 성공한 인생이었다. 검도는 사무라이의 무예가 아닌가.

검도 강사로 일하던 시절 그는 지금의 아내 토모코와 중매로 만나 결혼했다. 부부는 점차 서로를 사랑하게 되었다. 그러다가

1980년대에 살림에 보탬이 될까 해서 교자(일본식 만두) 가게를 열었다. 이치로는 대출을 받았다고 했지만 얼마를 빌렸는지는 정확히 말해주지 않는다. 그러나 일본은 불경기의 늪에 빠져들고 있었고 가게에는 손님이 별로 없었다. 이치로와 토모코는 집을 안전하게 지킬 수 있을지 걱정하기 시작했다. 마침 토모코는 첫 아이 팀을 임신한 상태였다. "빚을 다 갚으려면 백 년은 걸릴 것 같았습니다." 당시 이치로 부부는 이치로의 어머니와 함께 살고 있었다. 세 사람은 이런저런 시나리오를 깊이 생각할 시간이 없었다. 신속하게, 아주 신속하게 '심야 이사 업체'의 도움을 받았다. 새해 첫날, 비바람이 몰아치던 그 날, 이치로 씨 가족은 그렇게 증발해버렸다.

팀은 여전히 경직된 모습으로 서 있다. 형제들 중에서 집안의 비밀을 유일하게 아는 사람은 큰아들 팀뿐이다. 예전에는 잘살았다는 거짓말(벚꽃, 예쁜 집, '자발적' 도쿄행 등)을 믿으며 자란 나머지 남동생들은 오늘 저녁 친구네 집에서 놀다 오라는 이야기를 듣고 집을 떠나 있었다. 팀은 집에 남았다. 팀이 나머지 이야기를 들려줄 수 있을 것 같았다. 부모님의 근심 어린 얼굴, 비참했던 세월, 건설 노동자가 된 아버지, 새로운 삶이 시작되고 두려움도 희미해졌지만 여전히 집안에 감도는 침묵. "팀이 무슨 생각을 하고 있는지 도통 모르겠습니다." 이치로가 말한다. "팀은 마치 수면은 잠잠하지만 깊이는 알 수 없는 호수와 같은 아이죠. 나머지 두 동생은 무슨 생각을 하는지 쉽게 알 수 있고 대학도 잘 다니고 있습니다." 입술에 피어싱을 한 팀은 꼼짝도 하지 않는다. "제가 팀을 너무 압박한 것 같아요." 토모코가 버너에 주전자를 올리고 지저분한 그릇 더미를 뒤지며 말한다.

　이치로는 긴장한 듯 손으로 안경테를 만지작거린다. 갑자기 지금까지 억눌러온 고통이 폭발한다. "이 집에서 야반도주는 금기어입니다. 우리가 배척 받는 계층이었다는 말도 금기어죠. 인생을 바꾸고 싶지 않은 사람이 어디 있겠습니까? 사람이란 비겁하죠. 어느 날 모든 것을 내려놓고 사라졌다가 아무도 알아보는 눈이 없는 곳에서 새 삶을 시작하고 싶어합니다." 토모코가 그릇을 그대로 놔둔 채 다시 자리에 앉는다. 남편 이치로는 식탁보의 꽃무늬 쪽으로 시선을 내린다. "단 한 번도 도주를 그 자체로 끝이라고 생각한 적 없습니다. 어머니로부터 장애물을 극복하고 꿋꿋하게 싸워나가는 법을 배웠습니다. 제게 증발은 과거의 잘못을 깨끗이 씻고 다시 태어나는 기회였습니다." 그가 자신의 잘못을 인정한다. "제가 약한 사람이라는 걸 알게 되었습니다. 가령, 오늘 만남도 취소하고 싶었습니다. 이야기를 전부 털어놓는다는 게 쉽지 않으니까요. 이야기를 다 털어놔 봐야 무슨 소용이겠습니까? 하지만 그것도 제게 주어진 새로운 도전이라고 생각했습니다. 도망쳤다는 것은 떼려야 뗄 수 없는 낙인입니다. 증발은 죽음을 향해 달려가는 일이죠."

　팀이 눈을 감는다. 팀의 아버지가 계속 말을 잇는다. "피곤하지만 계속 제 길을 갈 겁니다. 더 이상 인생을 바꿀 이유가 없습니다. 제가 바라는 것은 오직 하나입니다. 처자식과 함께 끝까지 조용하게 사는 것, 그 뿐입니다."

　무거운 침묵 속에서 이치로가 자리에서 일어난다.

　"검도는 계속하시나요?"

"아뇨, 하지만 우리 아들들은 검도를 하고 있습니다!"

이치로가 한결 편안한 표정으로 구석에서 가족 앨범을 꺼내 보이기 시작한다. 팀은 서둘러 선반으로 가서 오랫동안 처박아두었던 메달과 우승컵들을 꺼낸다. 얼마 후, 이치로가 멋진 차림으로 등장한다. 팀이 감탄하는 표정으로 말한다. "야쿠자 같아요, 아빠!" 헐렁한 바지, 남색 도복, 검도 호구를 쓴 이치로가 이 좁은 공간에서 놀랄 만큼 능숙하게 날카로운 검을 다룬다. 23년 만에 처음으로 검도복을 다시 입은 것이다. 윗층에 있는 할머니가 뭐라고 구시렁거린다. 할머니도 이치로가 칼을 다루는 장면을 구경하고 싶은 모양이다. 할머니는 계단을 내려오려면 부축을 받아야 한다. 이치로가 어머니를 거실 가운데 낡은 의자에 조심스럽게 앉힌다. 나이든 어머니가 옛날 생각에 잠긴 듯 아들을 바라본다.

바깥에는 얼음처럼 차가운 밤공기가 집과 전깃줄을 감싸고 있었다. 우리가 숨을 쉴 때마다 김이 나온다. 친구가 급히 숨을 고른 후에 입을 연다. "몰랐어. 생각지도 못했고. 이치로 가족에게 그런 말을 한 번도 듣지 못했거든. 알아들었어?"

"뭘 알아들어?"

"이치로 가족은 부락민이야. 말 그대로 특수부락에 사는 사람들. 인도의 불가촉천민처럼 사회 최하층 계급이지. 중세시대부터 일본의 종교, 신도가 '더럽다'고 규정한 직업군에 종사하는 계급이 있어. 백정, 갓바치, 장의사 등 지저분한 것, 피, 죽음과 관련된 직업들이지."

"요즘도 그런 게 있어?"

"공식적으로는 없어. 19세기에 신분제도가 폐지되면서 부락민들도 호적에 등록되고 일반 사람들과 똑같은 권리를 누리게 되었지. 그러나 실제로는 차별이 계속되고 있어. 부락민들은 주로 빈민촌이나 동네 외곽에 살고 자기들끼리 결혼하고 비공식 장부로 분류가 되어 있으니까."

"부락민이 다른 사람들보다 더 많이 증발하는 이유라도 있어?"

"은행이 대출을 거부하기 때문에 야쿠자가 운영하는 사채 회사에 돈을 빌린 부락민들이 많아. 지긋지긋한 가난을 탈출하기 위해 야쿠자 일원이 되는 부락민도 있지."

"이치로 가족은 부락민이야. 말 그대로 특수부락에 사는 사람들. 인도의 불가촉천민처럼 사회 최하층 계급이지."

일본인들은 이러한 차별에 대해 아무 이야기도 하지 않지만 재일 한국인, 브라질계 일본인 등 소수민족들은 이런 차별을 강하게 느낀다. 문화적으로 일본은 베트남에서 한국까지 이어진 중화문명권에 속한다. 하지만 지리적으로 고립된 섬나라 일본은 독자적인 문화를 탄생시켰고 여기에 강력한 국수주의 감정을 추가했다. 친구는 일본인들이 '우리는 다른 민족과 다르다'라는 집단적인 우월감과 일본인 이외의 사람들에게 보여주는 인종차별 의식에 놀란 적이 있다고 한다. 친구는 골목에서 우연히 확성기를 단 작은 트럭들을 본 적이 있는데, 섬뜩한 슬로건이 울려퍼졌다고 한다. "조선인을 죽여라", "조선인들은 목을 매달아라, 독을 마셔라, 죽어라…!"

주변 고층 빌딩들에 파묻혀 잘 보이지는 않는 동네지만 낮은 집과 인적 드문 길, 커버로 덮인 자동차, 어지럽게 세워진 자전거 등이 가득하다.

익명의 도시, 도쿄에서는 쉽게 증발할 수
있다. 증발한 사람들은 스스로 그림자가
되어 자국에서 불법체류자처럼 살아간다.

# 6. 시골에 숨어들다

무엇이든 처리해주는 심부름센터를 운영하는 가즈후미 사장은 1970년 어느 날 아침에 증발해버렸고 그 후로 죽 거짓말을 하며 살고 있다. 그는 사망자로 처리되어 있는 상태다. 고향에서는 실종자로 처리되었다. 고향에 새로 생긴 시청에서도 오랫동안 그의 존재를 몰랐다. 가즈후미 사장은 주민등록이 소멸되면서 사회보장 혜택도 말소되었다. 증발한 사람들의 자녀는 학교를 다닐 수도 없다. 현대적이고 인터넷망이 촘촘하게 연결되어 있는 일본에서도 숨어서 지내는 것 자체는 문제가 아니지만 완전히 다른 차원의 세상에서 살아가야 한다. 가즈후미는 결혼했지만 아내에게 자신의 비밀을 털어놓은 적이 없었다. 그렇게 로맨스는 깨졌다. 거짓말하는 인생이 어떻게 가정을 꾸려가고 자신의 삶을 만들어갈 수 있겠는가?

가즈후미는 많은 사람들을 도쿄 내 모처로 야반도주시켜주었다. 그리고 도쿄에서는 정체를 숨기면 어느 정도 투명 인간처럼 살아갈 수 있다고 말해주었다. "시골로 야반도주시켜준 사람도 있습니다." 현지 기자의 도움으로 친구 기는 야반도주자 중 한 명인 소다 슌스케가 있는 곳을 알아낸다. 소다 슌스케는 증발하여 수천 명의 실업자들, 괴물 같은 도시에 환멸을 느낀 사람들 틈에서 살고 있다. 현재 일본 정부는 지방으로 이주하는 사람들에게 정착 지원금을 보조해주고 있다. 의료 사각지대에 의사들을 보내려는 프랑스의 노력과 얼핏 비슷하다.

소다 슌스케가 도쿄를 떠나 일본 중부 지방인 야마나시山梨에 자리를 잡은 지 벌써 7년이나 되었다. 역에서 나오니 스포티한 재킷과 도회적인 스타일이 한눈에 들어오는 40대 남성이 서 있다. 티끌 하나 없이 깨끗한 자동차와 하얗고 매끈한 그의 손이 눈에 들어왔다. 그는 안개 낀 숲과 경사진 길을 빠르게 달린다. 차는 나무가 울창한 언덕 아래 질척한 길가에 멈춘다. 그는 진흙을 밟고 비닐하우스 네 곳을 가리킨다. "겨울에는 시금치, 여름에는 토마토와 샐러드, 딸기를 재배합니다." 부츠를 신은 농부 부부가 진흙투성이가 된 채 인근 밭에서 샐러드를 뽑다가 아무 말 없이 슌스케를 물끄러미 바라본다. "저 분들은 단 한 번도 제게 인사한 적이 없습니다. 제가 채소 재배하는 사람이 아니라고 생각하거든요. 절 경계하는 거죠."

> 소다 슌스케는 증발하여 수천 명의 실업자들, 괴물 같은 도시에 환멸을 느낀 사람들 틈에서 살고 있다.

비가 세차게 내리는데 주변에 비를 피할 곳은 하나도 없다. 슌스케는 날 집으로 데려가고 싶지 않은 눈치다. "여기서 멀기도 하고 채소도 배달해야 해서…." 그가 다시 차에 올라탄다. "전에는 샐러리맨이었습니다. 도쿄에서 흔히 볼 수 있는 스트레스 많고 회사에 복종하는 그런 샐러리맨이었죠. 대형 호텔에서 매일 10~12시간씩 일했습니다. 미칠 것 같더군요." 슌스케가 운전석에서 이야기를 이어간다. 당시 어찌할 바를 모르던 그는 시골에 일손이 부족하다는 이야기를 듣게 된다. 도전해보자는 생각으로 일본 북쪽에 위치한 어느 대학의 농업 교육 프로그램 6개월 과정에 등록한다. 뿐만 아니라 시골에서 새로운 터를 짓고 살기 위해 돈을 빌린다. "아버지는 돈이 아주 많지만 손 벌리고 싶지 않았습니다. 은행 대출을 받아야 했는데, 담보가 없어서 사채를 빌렸습니다."

이자율이 너무 높아 슌스케는 곧 빚을 감당할 수 없게 된다. 증발 외에는 해결책이 없다. "처음에는 귀중품부터 직접 옮겼고 나머지 짐은 이삿짐센터 직원들이 와서 옮겨주었습니다." 빌린 돈 중에서 일부 남은 돈으로 작은 아파트, 트랙터, 농기구를 빌린다. 그리고 뼈 빠지게 농사일을 시작한다. 겨울은 혹독하고 커다란 외로움이 밀려오지만 슌스케는 비닐하우스에서 편안함을 느낀다. 어쩔 수 없이 슌스케는 야반도주를 했다고 자신도 모르게 고백한다.

슌스케의 차가 모던한 스타일의 어느 멋진 집 앞에 멈춘다. 그는 작은 아파트에 산다고 했는데 이상하다. 슬리퍼를 신은 어느 70대 남자가 계단 앞에 나타난다. "아버지입니다." 슌스케가 말한다. 노인이 고개 숙여 인사하고는 자리를 뜬다. 현관 앞에서 기다리던 슌스케의 어머니가 우리가 신을 슬리퍼를 내온다. 마룻바닥은 반짝거리고 실내는 서구적인 느낌이다. 모든 것이 단정하고 질서 정연하게 정돈되어 있다. 슌스케의 아버지 소다 씨가 완벽한 영어로 나를 거실로 안내한다. "전에는 어느 다국적기업에서 임원으로 일했고 지금은 은퇴했지만 대기업 일을 정기적으로 봐주고 있습니다." 우아함이 넘치는 소다 씨의 아내가 커피와 비스킷을 내온다. "이 집은 저희 별장입니다. 작년에 직접 지었죠. 전에는 호텔에 가곤 했는데 집이 훨씬 편하죠. 우리 아들도 묵어갈 수 있고요. 아들도 자기 집인 작은 아파트보다 여기가 낫죠. 안 그러냐?" 슌스케는 기운 없는 표정으로 소파에 앉아 있다. 그는 마치 싸움을 하고 온 아이처럼 굳게 팔짱을 끼고 있다.

"소다 씨, 아드님이 직장을 그만두고 농사일을 하게 되었는데 어떻게 생각하십니까?"

"나라면 못했을 겁니다. 농사일에는 재주가 없어서요. 하지만 슌스케는 젊고 건강합니다. 여기서는 밥도 잘 먹고 운동도 하니까요…. 퇴직할 나이가 되면 힘들지도 모르겠지만 슌스케를 믿습니다. 꿋꿋이 헤쳐나갈 겁니다."

소다 씨는 포옹 대신 아들의 어깨를 잡으려 하지만 슌스케가 몸을 피한다. "물론 슌스케가 농사일을 하고 싶다고 했을 때 놀라기는 했지만 언제나 슌스케의 뜻을 존중했습니다. 난 늘 그랬어, 안 그러니?" 이제 아버지가 아들 대신 말을 한다. "슌스케가 아내감을 찾아야 할 텐데 이런 시골구석에서는 힘들죠. 농사짓는 사람들밖에 없으니."

이제 가야 할 시간이다. 소다 씨는 계단을 몇 발짝 내려가 슌스케의 등을 마지막으로 힘차게 두드린다. 소다 씨 부부는 슌스케의 차가 저 멀리 사라질 때까지 지켜본다.

"이해가 안 갑니다. 부모님 댁에서 사나요?"

"아뇨, 말씀드렸다시피 저는 아파트에 삽니다. 하지만 작고 불편하죠. 부모님이 절 따라오겠다고 고집을 피우시기도 했고요."

슌스케는 자유롭고 독립적인 인간이 되기 위해, 부모님의 영향력에서 벗어나기 위해 부단히 애썼지만 가족은 마치 언제나 찾아오는 배고픔처럼 그의 곁에 다시 와 있었다. 채소를 재배하는 농부로 변신한 슌스케는 4년간 침묵을 지키다가 부모님을 안심시켜드리려고 연락을 했다. 그러자 아버지는 한 마디 상의도 없이 곧바로 이곳에 별장을 지었다. 시무룩한 표정을 하고 있던 슌스케가 마음속의 이야기를 거침없이 쏟아낸다. "평범한 삶을 꿈꾸었을 뿐인데 도망자가 된 기분입니다. 꽤 멀리 떨어졌다고 생각했는데, 그게 아니었습니다. 아버지는 막무가내에 신경 쓰이게 만드는 사람이죠."

증발해 살고 있는 가즈후미도 과거는 잊고 적어도 5년 동안은 아무런 적을 만들지 말고 그날그날을 살아야 한다고 말했다. 무엇이든 처리해주는 심부름센터를 운영하고 있는 그는 15년 동안 부모님에게 단 한 번도 전화하지 않고 버텼다. 두려움 때문에 차마 전화를 할 수 없었다. 혹시 부모님 건강이 안 좋다거나 자신 때문에 협박을 받고 있지나 않을까 두렵다고 했다. 부모님은 이미 그를 용서했을지도 모른다. 그래도 가즈후미는 부모님을 다시 볼 용기가 없다.

야마나시 지방. 증발해서 시골에서 숨어 사는 사람들도 있다. 예전에 호텔에서 근무했으나 이제는 채소를 재배하고 있는 슌스케 씨도 그중 하나다.

7. 산야, 지도에도 없는 도시

　　　　　　산야山谷는 지도에도 나와 있지 않은 곳
이다. 기는 산야를 가리켜 도시 속의 도시, 범죄자와 부랑자, 노숙
자, 빈민들이 득실거리는 지저분한 소굴이라고 했다. 도쿄의 게토
라고 할 수 있는 산야를 지워버리고자 일본 정부는 '산야'라는 지
명을 지도에서 없애버렸다. 하지만 산야의 흔적은 사라지지 않았
다. 택시 기사들은 불길한 산야 쪽에 가고 싶어 하지 않는다. 택시
기사들에 따르면 산야에 들어가는 사람들은 '정상적인 삶을 누릴
수 없는 인간, 모두에게 잊힌 인간, 이름 없는 인간'뿐이라고 한다.
　산야에 가려면 미나미 센주 지하철역에서 내려 북쪽으로 10분
정도 걸어가야 한다. 그러면 지하에 휘황찬란한 도쿄 중심부만큼
이나 명확한 나름의 규율이 자리 잡은 또 다른 진짜 도시가 모습을
드러낸다. 승객 수천 명이 열차 쪽으로 질서 있게 줄지어 걸어간

다. 도쿄의 지하철은 언제나 시간이 정확하고 깨끗하며 환하다. 이상적인 도시 지하철의 모습 그대로다. 승객은 각자 자신만의 공간 속에 자리를 잡고 아무 말 없이 휴대폰을 보느라 정신이 없다. 아무도 열차 안에서는 통화하면 안 된다는 규칙을 절대 위반하지 않는다. 사람들은 작은 모니터를 통해 무엇을 보는 것일까? 정장 차림의 수많은 승객들이 인파 속에서 자리에 몸을 파묻은 채 입을 벌리고 잠들어 있다. 삶이 이토록 피곤할 수 있을까?

부슬비가 내린다. 산야가 가까워오면서 현대적인 풍경은 점점 옅어진다. 도시는 어둡고 조용하다. 정신없는 간판도, 고막이 찢어질 듯한 시끄러운 소음도, 자동차도, 여기에는 없다. 상상하지 못한 또 다른 세상이 열린다. 세계 3위의 경제 대국 수도 안에 침묵이 가득하고 사회 규범이 통하지 않는 유령 같은 세계가 있다. 에도시대에는 범죄자 처형장이었다가 훗날 도살장이 되었고 그 다음에는 일본에서 가장 커다란 인력시장이 되었다. 좁은 골목마다 쓰레기가 널려 있고 지린내와 술 냄새가 진동한다. 그리고 비틀거리는 그림자들 외에는 인기척이 없다.

어느 나이 지긋한 남자가 음료 자판기 쪽으로 걸어온다. 형광색의 청량음료와 따뜻한 커피, 시원한 맥주를 언제나 뽑아먹을 수 있는 자판기다. 남자는 기침을 하며 멀어져가더니 자물쇠로 잠긴 물품 보관함 아래 구석에서 맥주캔을 단숨에 들이킨다. 그리고 축축한 콘크리트 바닥에 그대로 털썩 주저앉는다. 그 옆에는 어떤

> 세계 3위의 경제 대국 수도 안에 침묵이 가득하고 사회 규범이 통하지 않는 유령 같은 세계가 있다.

남자가 이불을 둘둘 말고 누워 불쌍하게 잠들어 있다. 주변에는 빈 병이 가득하다. "다른 세상, 그것은 이 세상 안에 존재한다." 프랑스 시인 폴 엘뤼아르가 했던 말이다. 이곳이 바로 증발한 사람들이 비밀리에 찾아오는 곳, 과거를 세탁하고 새 삶을 살려는 사람들의 조용한 공간인가?

길모퉁이에서 요란한 기계 소리와 반복되는 '삑' 소리가 침묵을 깬다. 문 뒤로 깜빡거리는 많은 기계들이 줄지어 놓여 있다. 마치 갖가지 소리와 색깔로 장식된 기계들이 불꽃놀이처럼 반짝인다. 우리가 들어온 곳은 파친코 게임장이다. 전후에 개발된 마블게임 파친코는 핀볼게임과 슬롯머신을 섞은 것으로 일본인들이 가장 좋아하는 오락거리다. 일본은 법적으로 도박이 금지되어 있기 때문에 파친코에서 상품권, 비누, 사탕, 라디오 같은 현물을 상금으로 탄다. 그러면 파친코 이용자들은 이 같은 현물을 지정된 업소에서 돈으로 교환한다. 일본의 파친코는 대부분 야쿠자와 재일 한국인이 운영하고 있다. 피크타임 때는 도쿄의 파친코가 황금기의 라스베이거스 카지노처럼 요란한 소리를 낸다. 구슬들이 쉴 새 없이 어지럽게 부딪힌다. 하지만 산야에서는 몇몇 부랑자들만이 파친코에서 기계를 베개 삼아 졸면서 몸을 녹이고 있을 뿐이다.

바깥으로 나가자 어슴푸레한 빛 속에서 스테판이 미심쩍은 목소리로 말한다. "여기서 우리는 시간을 낭비하고 있어…." 산야는 스테판이 생각하는 증발한 이들의 은신처와는 거리가 멀다. 그는 문학이나 영화에서 나오는 빛나고 몽상적인 곳으로 생각했다. 한때 그도 증발해버릴까 생각을 한 적이 있었다. 미지의 호숫가를 우연히 발견하고 그곳으로 떠나려다가 포기한 적이 있다. 하지만 자유롭고 불가사의한 새로운 세상으로 사라져버리고 싶은 꿈을 간직했다. 스테판이 신문, 사진의 소재로 생각하는 포괄적인 꿈. 도주는 다른 사람들의 이야기다. 우리는 우리가 살고 있는 곳에서 수천 킬로미터 떨어진 어느 나라에서 실종자들을 찾고 있다. 프랑스와 일본을 오간 4년 동안 스테판은 마음속 깊이 간직한 도주 계획, 자신만의 탈출 계획을 절대로 말하지 않았다.

머리에 비닐봉지를 쓴 두 사람이 나타나 맨발로 물구덩이를 철 퍽 밟는다. 여기서 약 수십 미터 떨어진 곳에서 기가 빈곤층지원협회를 발견한다. 협회장이 우리에게 실종자 출신인 자원봉사자를 한 명 소개해주기로 했다. 2층으로 올라가 잡동사니로 어질러진 사무실에 들어서자 협회장이 남자 한 명을 들어오게 한다. 야구모자를 쓴, 얼굴에 시련이 찌든 남자가 색 바랜 소파에 앉는다. 열여섯 살에 야반도주, 아르바이트 전전, 다리 밑에서 노숙, 알코올 중독, 나락으로 떨어진 삶. 사건 순서도 뒤죽박죽이었고 횡설수설한다. 하지만 이야기의 아귀가 맞아 떨어지기 시작하면서 나는 이 남자가 증발해버린 실종자가 아니라는 것을 알게 된다. 그는 그저 너무나 오랫동안 사회와 떨어져 살아서 사회성을 잃어버린 것일 뿐. 지금은 협회의 도움을 받으며 살고 있고 그곳에서 된장국을 나눠주는 봉사를 하고 있다. 남자는 자신의 과거를 피하려고 애쓰지 않는다. 한 번도 그런 시도를 안 해본 것일까? 왜 남자는 사회에서 자신을 지워버리기로 한 것일까?

과거 산야의 중심부는 상업 지구였다. 한때는 상점도 많고 활기와 생기가 넘쳤다. 그런데 지금은 가게 문이 닫혀 있고 위에 있는 꽃 장식은 말라버린 상태다. 부서진 탁자 조각이 바닥에 가득하고 더 이상 플라스틱 장난감 말을 타려는 아이는 없다. 나이를 알 수 없는 남자 세 명이 카드놀이를 하다가 술병을 들고 건강을 위해 건배한다. 하지만 세 사람은 친구 사이가 아니다. "산야에는 친구가 없습니다." 전부 똑같이 술과 도박에 중독되어 있고 불행과 무능, 외로움으로 점철된 상처투성이의 인생을 살고 있다. 이들은 왜 자신이 여기서 방황하고 있는지조차 잊어버렸으며 떳떳하게 밝히기 힘든 자신만의 사정을 기억에서 지우는 길을 택했다. 남자 세 명은 같은 공사장에서 일했지만 공사가 끝나면서 일을 쉬고 있다고 한다. 세 남자가 웃으며 "우린 나이가 너무 많습니다"라고 말한다.

　사회에서 배척받는 이들이 모이는 산야, 에도시대에는 사형집행자들이 불한당의 목을 베던 혐오스러운 장소였다가 이제는 일용직 노동자들이 몰리는 인력시장. 비양심적인 고용인과 한때 야쿠자에 몸을 담았거나 가장 밑바닥까지 떨어져 무서운 것 없는 일용직 노동자들 사이에 거래가 이루어지는 시장. 그러다가 경제 위기로 일자리가 줄어들면서 가장 취약한 계층인 이들이 타격을 받았다. 야쿠자도 힘이 예전 같지 않다.

　대부분의 산야 주민들과 마찬가지로 이 세 남자도 매주 혹은 매달 세를 내는 작은 방이나 장기 투숙 모텔에서 지낸다. 입구에는 세월의 때가 묻어 지워진 숫자가 요금을 희미하게 나타낸다. 하룻밤에 1,000~3,000엔(약 만~3만 원). 누런 사진들은 냉난방 시설이 갖추어져 있음을 보여주고 드물게 인터넷 접속이 가능하다는 것을 알려주기도 한다. 실내는 비슷하다. 길게 드리워진 어두운 복도에 퀴퀴한 냄새, 문 뒤로 나무 장식이 달린 벽이 있고 입구에는 TV가 놓여 있다. 바닥에는 엄청난 수의 신발들이 가득하다. 추리닝 차림으로 이름이 '유이치'라는 직원이 불쑥 나타난다. "방 찾으세요?" 그가 의심스러운 눈초리로 우리를 뚫어지게 처다본다. "주방은 공동 사용이고 층마다 화장실이 두 개입니다. 다다미는 대여 가능합니다. 미리 알려드리는데 오후 6시 이후로는 말소리를 내시면 안 됩니다. 그리고 TV를 보실 때는 헤드셋을 사용하시고요. 지불은 어떻게 하실 건가요?"

유이치가 가파른 계단을 올라 방문을 밀어서 연다. 한쪽에 이불을 개켜놓을 자리만 있을 정도로 매우 비좁은 방이다. 그의 말에 따르면 간혹 여성이 있긴 하지만 여기에 묵는 투숙객들은 대부분 혼자 지내는 남성이고 좁은 방이 유일한 편의시설이라고 한다.

다른 방에 묵고 있는 마사오는 이제 갓 스무 살의 청년으로 요 위에 앉아 담배 연기를 동그랗게 내뿜는다. 요 주변에는 여행가방이 열려 있고 노트북이 켜져 있다. 산야에서 가장 젊은 축에 속하는데 벌써 삶의 희망을 잃어버렸다고 한다. 입시에 실패하고 교도소에 다녀온 후 살던 도시에서 스스로 증발했다고 한다. 부모님에게 사회적으로 못난 아들로서 수치심을 안겨드리고 싶지 않아서였다. 수치심과 증발은 모두 못할 짓이지만 마사오는 이 중에서 그나마 후자가 낫다고 생각해 그 길을 선택했다. "아마 가족은 제가 죽었다고 생각할 겁니다. 제가 왜 떠났는지는 이해했겠죠. 아무도 절 찾지 않을 겁니다." 잠시 후 담배의 동그란 연기가 올라온다.

"낯선 사람은 두렵지 않습니다."

모텔을 관리하는 유이치는 1층에서 잠을 자고 2층의 작은 사무실에서 근무한다. 전에는 도쿄의 북쪽 지역에서 공사장 일용직으로 일하며 밥값을 벌었다. 유일한 자산인 튼튼한 두 팔은 '자유'를 안겨주었다. 또한 일용직이지만 일할 수 있는 기회도 주었다. 그러나 어머니가 몸져눕자 유이치가 치료비, 집세, 식비를 모두 부담하게 되었다. 한 달이 지나고 나자 그의 수중에는 한 푼도 남아 있지 않았다. 혹여 나이 든 어머니와 거리로 쫓겨날까 봐 두려웠던 그는 대출을 받았고 곧 빚더미에 올라앉았다. "더 이상 어머니를 감당할 수 없었습니다. 어머니는 제게 모든 것을 주었지만 전 어머니를 돌볼 수 없었습니다."

1990년대 중반의 어느 봄날 새벽, 유이치는 저렴한 모텔을 알아본 후 병든 어머니를 그곳에 버리고 그대로 달아났다. 쓰레기 채집과 막일을 전전하다가 산야의 이 작은 모텔을 관리하는 일을 맡게 되었다. 그는 2층의 사무실과 투숙객들 사이에서 사는 현재의 삶이 편하다. 산야의 주민 중 몇 명이나 야반도주해서 왔는지, 가명을 사용하는 사람은 얼마나 되는지, 정부의 지원도 전혀 받지 못하고 자급자족하는 사람이 몇 명이나 되는지 아무도 알지 못하고 별로 관심도 없다. 여기서는 모두가 철저한 무관심 속에서 죽어갈 것이다.

"거리에 보이는 사람들은 이미 더 이상 존재하지 않는 이들입니다. 사회를 벗어난 우리는 이미 한 번 죽은 것입니다. 여기서 우리들은 서서히 자살해가는 셈이죠."

서서히 다가오는 외로운 최후. 쉰 살밖에 안 되었지만 훨씬 더 늘어 보이는 노리히로는 이처럼 서서히 죽어가는 인생을 잘 보여준다. 지나치게 헐렁한 옷으로 더욱 도드라져 보이는 마른 몸이 술로 퉁퉁 부어오른 얼굴과 뚜렷하게 대조된다. 노리히로가 우리에게 자신이 지내는 곳을 보여주겠다고 한다. 어느새 산야에 어둠이 짙어졌다. 그의 안내로 작은 모텔과 낡은 건물 사이를 지나 또 다른 초라한 모텔로 향한다. 가던 중에 땅바닥에 앉아 있는 후줄근한 남자들이 농담을 던진다. "외국인들과 음모라도 꾸미는 건가?" 맹꽁이자물쇠로 잠겨 있는 노리히로의 방은 창문도, 아무런 장식도 없다. 개인 소지품도 없다. 그저 담배꽁초와 남루한 다다미만 덩그러니 있을 뿐이다.

　매일 새벽 노리히로는 가게 앞에 서서 일꾼 모집자들이 오기를 기다린다. 술, 피로, 우울함, 겨우 입에 풀칠 정도만 하는 삶, 노리히로가 이미 경험한 일이다. "산야에는 저 같은 사람들이 수천 명이나 됩니다. 갚지 못한 빚, 절망, 일자리를 찾아야 한다는 압박감, 싸움이 일상이죠. 그런데 자살하는 젊은 사람들이 점점 많아집니다." 노리히로는 '경찰을 피하기 위해' 가명을 쓰고 있다. "이 시기만 지나면 제 원래 이름을 다시 사용할 수 있을 겁니다. 증발해서 이곳에 숨어든 사람들은 새로운 삶이 자리를 잡으면 다시 본명을 사용하죠. 하지만 가족에게 지금의 이런 제 모습을 보이고 싶지는 않습니다. 절 보세요. 전 아무것도 아닙니다. 아무것도 아니에요. 내일 죽는다 해도 아무에게도 발견되지 않았으면 좋겠습니다."

　마흔 살까지도 준수한 외모를 자랑하던 노리히로는 아내와 살면서도 바람까지 피던, 한때 잘나가는 엔지니어였다. 갑작스럽게 해고를 당했지만 평소와 똑같이 생활했다. 여느 때처럼 아내의 배웅을 받고 출근했다. 예전에 다니던 직장 앞에서 이른 아침부터 저녁까지 먹지도, 말하지도 않고 차 안에서 시간을 보냈다. 이런 생활을 일주일 동안 했다. "더 이상은 못 하겠더군요. 저녁 7시가 넘어도 돌아갈 수 없었어요. 전에는 퇴근 후 상사나 동료들과 한잔하러 가곤 했으니까요. 길에서 시간을 때우다가 집에 돌아갔는데 아내와 아들이 의심하는 것 같더군요. 죄책감이 들었습니다. 더 이상 가져다줄 월급도 없었고요…."

"절 보세요. 전 아무것도 아닙니다. 아무것도 아니에요. 내일 죽는다 해도 아무에게도 발견되지 않았으면 좋겠습니다."

원래 같으면 월급을 받았을 그 날, 노히리로는 말끔히 면도하고 아내에게 다녀오겠다는 인사를 한 후에 평소에 타던 지하철을 이용했다. 하지만 평소와는 다른 방향이었다. 그는 그렇게 지하철을 타고 증발해버렸다. "절 찾았을 부모님을 생각하면 마음이 아픕니다. 부모님이 건강히 지내셨으면 좋겠습니다. 어쩌면 부모님은 여전히 제가 돌아올 것이라 생각할 수도 있습니다. 아니면 이미 돌아가셨을 수도 있고요…." 하지만 노리히로는 아내와 아들에 대해서는 한 마디도 하지 않는다.

열여섯 살에 가족을 등지고 가출한 이 남자처럼 산야의 주민 대부분은 조그만 방이나 모텔에서 산다. 최소한의 가구가 갖춰져 있고 주 단위로 돈을 내거나 월세를 낸다.

산야는 지도에도 없는 곳이다. 하지만 산야는 부랑자와 하층민들이 모여드는 도쿄의 빈민굴로 그 흔적마저 지우기는 어렵다.

이제 겨우 스무 살인 마사오는 입시에 실패한 후 교도소를 다녀와서 살던 도시에서 몰래 도망쳤다. 사회적으로 못난 아들이 되어 부모님에게 수치심을 안겨주고 싶지 않아서였다.

# 8. 미키오의 고백, 증발 65년

         열두 살 때 집을 나왔다. 뱃사람이었던 아버지는 돌아오지 않았다. 분명 다른 여자와 결혼해 살고 있을 것이다. 북해도 섬에서 어머니 혼자 나와 여동생 둘을 키웠다. 어머니는 낚싯줄을 만드는 공장에서 일했다. 집에서 어머니는 신경질적이었다. 일 때문에, 아픈 손 때문에, 홀연히 사라진 우리 아버지 때문에, 이웃 때문에, 텅텅 비어 있는 선반 때문에 화를 냈다. 별것 아닌 일에도 매질이 쏟아졌다. 나는 행복하지 않았다.

  열두 살이 되자 두려움이 없어졌다. 마음씨 따뜻한 사람들은 언제나 있어서 떠돌이 소년에게 돈을 조금 쥐어주기도 했다. 나는 여기저기 떠돌아다니며 달이 이끄는 곳에서 잠을 잤다. 달을 향해 날 지켜달라고, 날 받아달라고 말을 걸었다. 밤에는 사방이 위험 천지였다. 나의 방황은 오랫동안 이어지지 않았다. 전쟁 중이라 우리나라 군인들은 중국, 한국, 소련에 가 있었다. 어느 거리에선가 헌병에게 잡힌 나는 비행기 공장으로 보내졌다. 그리고 나는 무급으로 공사장에서 일했다. 그래도 머물 곳이 생겼다는 것만으로도 만족했다. 사람은 먹을 때 조용해지는 법. 일은 많았다. 나라 전체가 파괴되었으니까. 우리 공사장은 야쿠자가 운영하고 있었다. 야쿠자와 경찰의 싸움을 본 적이 있고 니혼바시 역에서 노숙자 생활을 한 적이 있다. 죽음의 문턱에도 가본 적이 있고 교통사고를 당하기도 했다.

방값을 벌기 위해 도로청소를 했지만 내가 살던 건물이 불타버려 모든 것을 잃기도 했다. 여기서 회복하는 데 꽤 오랜 시간이 걸렸다. 일단 길에서 잠자리를 해결했다. 그야말로 산전수전을 다 겪었다. 지금 살고 있는 이 보호소에는 주변에 말할 사람들도 있고 장도 보고 집안일도 할 수 있다. 이렇게 노년을 보낼 수 있어 다행이다.

여동생에게 연락을 하고 싶어졌다. 왜 지금이냐고? 모르겠다. 그냥 지금이 그때인 것 같다. 이제는 마음이 편하기 때문이다. 머물 곳이 없을 때는 내 과거, 언제나 신경질적이던 어머니, 그리고 여동생을 생각할 여유가 없었다. 더구나 나는 글을 쓸 줄 모른다. 너무 어린 나이에 학교를 그만둬서 글을 제대로 쓰지 못한다.

지금은 사람들의 도움을 받을 수 있다. 텔레비전에 사연을 보낼까도 생각했지만 친구가 "그럴 필요 없어. 내가 도와줄게"라고 했다. 친구는 나 대신 도시 다섯 곳의 서류를 뒤져가며 여동생을 찾아다녔고 4개월 후, 가와카사키에서 마침내 여동생을 찾아냈다. 그러나 주소를 알아내기가 쉽지 않았다. 다행히 친구에게 인맥이 있었다. 그 친구의 도움으로 편지도 쓸 수 있었다. 편지 안에는 내 사진을 넣었다.

여동생은 나와 통화를 하고 싶어 했다. 우리가 연락을 안 한 지가 65년이나 되었다니! 여동생이 맨 먼저 들려준 이야기 하나가 예전 기억과 겹쳤다. 당시 나는 열한 살, 여동생은 아홉 살이었다. 엄마 때문에 마음고생이 심했던 우리는 함께 자살하기로 결심했다. 우리는 썰물 때 바닷가로 가서 손을 잡고 작은 섬까지 걸어갔다. 밤이 되자 여동생이 겁을 내며 크게 울기 시작했다. 여동생이 우는 소리를 견딜 수 없었던 나는 돌아가는 것이 낫겠다고 말했다. 우리는 허리까지 차오른 물속을 걸으며 여전히 손을 꼭 잡은 채 집으로 돌아갔다.

전화 통화에서 여동생은 그날 밤에 우리 둘이 죽지 않아 다행이라고 했다. 여동생은 매우 흥분해 있었다. 여동생은 이듬해에 내가 혼자서 집을 나갔을 때 바다에 몸을 던져 자살했을 것이라고 생각했다고 한다. 가족 모두 그렇게 생각했다고 한다.

여동생은 가정을 꾸려 자녀 다섯 명과 손주 열 명을 두고 있다 했다. 우리는 네 번이나 만났다. 그러나 그 때문에 여동생은 몸이 피곤했는지 입원하고 말았다. 여동생의 아들은 내게 직접 와달라고 부탁했다.

더 어린 여동생이 있지만 그 여동생과 나는 아직 아무 말도 안 한 상태다. 내가 할 것이다. 이제는 준비가 되어 있다.

엄마 때문에 마음고생이 심했던 우리는 함께 자살하기로 결심했다. 우리는 썰물 때 바닷가로 가서 손을 잡고 작은 섬까지 걸어갔다.

미키오는 증발자들 가운데에서도 드물게 지기 사진 찍는 것을 허락했다. "이제는 더 이상 두려울 것이 없습니다."

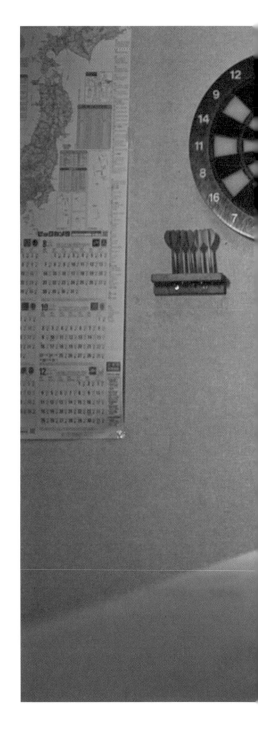

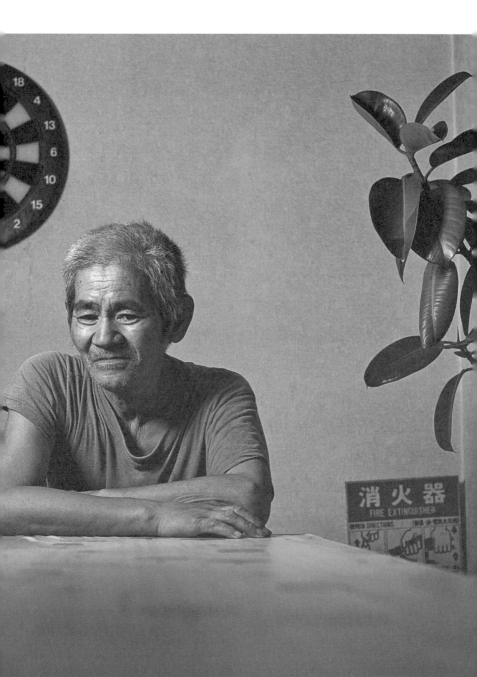

알 수 없는 규칙, 격식, 장벽으로 만들어진 것처럼 보이는 복잡한 일본 사회에서 어두운 부분들을 조사하기란 생각만큼 녹록지 않다. 일본에서는 이질적인 것이 들어오면 배척을 받는 것 같다. 통역을 구하는 간단한 일도 신경 쓸 일이 많다. 처음 이메일을 교환할 때는 대부분 분위기가 좋다. 통역 비용(하루 기준 약 32~38만 원), 통역 가능 시간, 업무 방식에 대해 이야기할 때는 그렇다. 그러다가 '인간증발'이라는 주제를 꺼내면 어김없이 모든 것이 멈춘다. 많은 일본인 통역사들이 장례식 같은 피치 못할 사정을 내세우며 거절한다. 드물지만 솔직하게 할 수 없는 사정을 말하는 경우도 있다. 실패와 마주해야 하는 두려움, 주변에 이 불편한 문제를 질문해야 하는 곤란함 때문이다.

일본 체류비 지원을 새로 받을 수 있지 않을까 하는 기대를 안고 France2 방송국에 '임직원재교육학교'를 취재하는 특파원 르포를 제안했다. 스테판과 함께 이미 며칠 전에 다녀왔는데, 학교라기보다는 정신병원에 가까운 곳이다. 이곳에서 여러 회사의 임직원들이 정신병원의 흰색 환자복을 입고 13일 동안 긴장된 분위기 속에서 아이처럼 읽는 법, 쓰는 법, 말하는 법, 생각하는 법, 행동하는 법을 다시 배워야 한다. 창립 멤버들이 '지옥의 캠프'라는 별칭으로 부르기도 하는 임직원재교육학교는 이상한 비유일지 모르지만 일본의 회사들의 모습을 크게 비추는 확대경 같다. 재교육의 목표는 '부족한 점이 많은 직원들을 질서와 순종이라는 바른 길로 다시 인도'하는 것이다.

'부족한 점이 많은 직원들' 가운데 한 명이 시즈오카에 살고 있다. 시즈오카는 후지산 아래 위치한 온천으로 유명한 도시다. 15년간 영업부에서 일해온 신고는 화장품 홍보팀을 이끌고 있다. 양복과 흰색 와이셔츠를 입은 그는 여느 샐러리맨의 모습과 다르지 않다. 그런데 얼마 전부터 상사는 신고가 정신상태가 해이해져서 실적을 내지 못했다고 생각한다. 그리하여 상사는 신고와 면담하는 장면을 영상으로 촬영한 다음, 신고를 '지옥'의 재교육학교로 보내기로 한다.

"체중이 늘었군."

"예, 그렇습니다. 다이어트를 할 생각입니다."

"자네가 신입 때처럼 몸과 마음에 긴장을 잃지 않았으면 좋겠어. 13일 프로그램에 참가해볼 텐가?"

"알겠습니다. 그럼 28일에 돌아오겠습니다."

"그런데 말이야, 거기에 가면 시간 개념이 없어질 거야. 시간이 어떻게 흘러가는지 모를 걸⋯. 자네의 장점인 적극성과 도전정신을 그곳에서 다시 찾았으면 좋겠어."

신고를 재교육시키기 위해 회사가 내야 하는 비용은 2,600유로(약 330만 원)이다. 건강식품 부서의 또 다른 임원도 '수동적이고 내성적이며 의지가 약하다'는 평가를 받아 '시간 개념이 없어지는 곳'으로 가게 되었다. 회사 입장에서는 느긋하게 있을 수가 없다. 2008년 미국 서브프라임 모기지 사태 이후 매달 1,000개의 회사들이 도산하고 있기 때문이다.

스즈키 신고가 여자 친구와 함께 사는 안락한 아파트에 날 초대한다. 신고는 '캠프'에 가져가야 할 물건 목록을 건네받았다. 여자 친구가 웃으면서 말한다.

"넥타이 가져가야 돼?"

"응⋯. 그리고 잠옷 두 벌도. 밤에 시간을 보내려면 필요하지."

"쉴 시간 없을 테니 꿈 깨셔!"

신고의 얼굴이 굳어진다.

"재교육 캠프가 군대와 감옥 중간이라고 들었습니다. 만만치 않을 것 같아요. 도대체 내가 무엇을 했기에 그런 캠프에 가야 하는지 모르겠습니다."

후지산이 햇빛 속에 녹아들 듯 묻힌다. 버스 창가 쪽에 앉은 신고는 전국 각지에서 온 임직원들 속에서 용기를 얻는다. "기분이 우울했는데 후지산을 보니 전부 잘될 것 같은 희망이 생깁니다." 재교육학교 홍보 담당 매니저는 머리가 벗겨진 60대 남성이다. 미식에 매우 관심이 많은 그는 눅눅한 케이크를 내오며 레시피를 영어로 상세히 설명한다. 그는 카메라를 유심히 관찰한다.

거대한 후지산 아래 시골 한복판에 위치한 지옥의 캠프는 훈련장을 중심으로 소박한 막사들이 U자형으로 둘러싸고 있다. 힘과 정복을 상징하는 황금 독수리 조각상이 정면에 자리를 잡고 있다. 환영회 같은 것은 없다. 긴장감을 높이기 위한 전략이다. 규칙을 알려주는 종이 몇 장만 있을 뿐이다. 흰색 티셔츠 더미가 새로운 주인을 기다린다. 신고가 동료 열네 명과 함께 묵을 숙소는 연수원을 개조한 기숙사로 요와 이불이 준비되어 있다. 앞으로 캠프에 입소한 임직원들은 이 공간에 적응하며 동고동락해야 할 것이다.

학교는 세워진 지 30년이나 되었지만 규칙은 달라지지 않았다. 매일 아침 군대처럼 5시 30분에 일어나 깃발을 들고 캠프의 노래 〈지옥의 13일〉을 부르며 회사가 내세우는 가치인 돈, 제품, 인간을 되새긴다. 그리고 야외 체조가 이어진다. 그 다음에는 기본 규칙 암기 시간이다. 열 가지 생활수칙을 암기하고 하루 종일 반복해서 힘차게 복창하되 너무 큰 소리로 해서도, 너무 작은 소리로 해서도 안 된다.

"꾸물거리지 않고 시간을 정확히 지킨다."

"단기간에 최대의 성과를 낸다."

"상사 험담을 하는 사람들에 동조하지 않는다."

"음식을 씹을 때는 양쪽으로 골고루 씹는다."

"영양을 생각해 골고루 뭐든 편식하지 않고 잘 먹는다."

"옷 입는 법, 예의 바르게 행동하는 법, 전화 받는 법, 책상을 깨

'지옥의 캠프' 참가자들이 새벽부터 일어
나서 체조를 하고 있다.

끗하게 정리하는 법을 제대로 익힌다. 질서와 규칙을 배운다."

캠프에 참가한 한 임원의 월급은 1만 5,000유로(약 1950만 원)에 달하는데 여기서의 교육은 거의 두뇌 세탁에 가깝다. 교관이 의기양양하게 말한다. "입소자들도 우리가 지시하는 것을 대부분 할 줄 알 겁니다. 중요한 것은 압박감을 관리하는 일이죠. 입소자들은 조금씩 변화를 거쳐 캠프를 나갈 때는 완전히 다른 사람이 됩니다. 생활에서도 큰 변화가 있죠! 한번은 어느 사모님이 전화를 걸어와 감사하다고 했습니다. 캠프에서 돌아온 남편 분이 수염도 깔끔하게 깎고 이전보다 말을 잘 들어준다면서…."

일본 사회는 수직적인 서열과 윗선에 대한 신뢰가 구간을 이룬다. 이 두 가지 기본에 따라 인간관계, 개인과 국가의 관계가 정해진다. 도쿠가와 막부 때부터 생겨난 것이 서열 의식과 윗선에 대한 신뢰다. 당시 지배 계층인 쇼군은 피지배 계층을 사농공상이라는 네 개의 계급으로 나누어 지배했고 사회는 집단을 단위로 움직였다. 이 같은 조직의 원리에 따라 개개인의 정신이 만들어졌다. 하지만 정신도 시간이 지나면 면도날처럼 녹스는 법. 그래서 재교육 캠프를 통해 무딘 정신을 날카롭게 갈고 실습과 규칙으로 다시 정신을 빛낸다.

매일 저녁, 식사를 마치고 임원들은 상사에게 편지를 써야 한다. 오늘 하루 성공적이었던 것과 실패한 것을 상세히 적어야 하고, 특히 캠프 과정에 보내준 것에 감사하는 내용을 적어야 한다. 캠프에 도착했을 때 스즈키 신고는 명랑하고 활기가 넘치며 장난을 잘 치는 사람이었다. 그리고 가끔 냉소적인 미소를 보이기도 했다. 그런데 캠프 생활 3일 만에 다른 임원 동료들과 마찬가지로 표준적인 인간이 되어 상사를 기쁘게 하기 위해 테스트를 통과하고 싶다는 마음을 품게 되었다. 반항하고 싶다는 마음은 사라졌다. 여기서 반항하는 인간은 강하지 못하다는 이미지가 있다. 강한 사람은 개인의 행복보다는 의무를 앞세울 줄 알아야 한다. 캠프에서는 강한 정신력이 반항이 아니라 규칙에 대한 복종에서 나온다고 했다.

> 일본 사회는 수직적인 서열과 윗선에 대한 신뢰가 기본을 이룬다. 이 두 가지 기본에 따라 인간관계, 개인과 국가의 관계가 정해진다.

캠프에서 40킬로미터 숲속 달리기는 신체적 한계에 도전하는 프로그램이다. 임직원들은 대학 졸업 후 운동에서 손을 놓은 사람들이 대부분이다. 이 프로그램은 비가 내려도 예외가 없다. 비가 스며들어 옷은 축축했지만 머리에 손전등을 고정시킨 신고와 그의 팀은 다른 그룹보다 한 시간 빨리 학교로 돌아오는 데 성공했다. 마치 반에서 일등한 사람들처럼 의기양양하다.

그러나 또 다른 야외 훈련이 그들을 기다리고 있다. 양복 차림의 임직원들이 버스에 올라타지만 어디로 가는지는 알 수 없다. "캠프 송을 부르십시오." 교관들이 짧게 지시한다. 버스가 덜컹이고 합창이 울려퍼진다. "이마에 땀을 흘리며 열심히 만들고 팔자. 영업맨은 끈기로 버텨야 한다…" 버스는 경작지를 지나 어느 작은 도시의 버스터미널 앞에 멈춘다. 테스트의 내용은 버스터미널에서 〈지옥의 13일〉 노래를 다시 부르되, 도로 맞은편에 있는 교관이 들을 수 있을 정도로 큰소리로 부르는 것이다. 성대가 피곤해지는 테스트다.

자동차들이 속도를 줄인다. 지나가던 사람들은 놀라서 발걸음을 멈춘다. 이번 테스트의 취지는 이렇다. 모범생 같은 샐러리맨이 수치심과 다른 사람들의 시선을 극복하는 법을 배우는 것.

"회사가 저희들을 이곳에 보낸 이유는 밑바닥을 경험하고 난관을 어떻게 헤쳐나가는지 알고 싶어서죠." 통통한 임직원 한 명이 숨을 헐떡이며 말한다. 하지만 모두가 이곳 캠프의 훈련을 견딜 수 있는 것은 아니다. 훈련을 받는 임직원들 가운데 2퍼센트가 매년 도망친다. 맨발로 밭을 가로질러 달아나거나 히치하이킹을 하거나 친구에게 도와달라고 전화해 도망친다. 어떤 식으로 도망치든 처벌은 늘 똑같다. 해고. 행방불명이 된 사람도 있다. 여전히 방황하고 있을까? 재교육학교를 설립하고 〈지옥의 13일〉 노래를 만든 대표는 이렇게 사라진 사람들은 그저 '패배자'라고 생각한다. 그는 도망친 사람들을 무척이나 경멸하고 있다. 그가 만들어내는 것은 오직 승리자들이다.

어떤 상사들은 직원들이 나아졌는지 확인하려고 캠프로 찾아오기도 한다. 흰색 상의를 입은 스즈키 신고는 경직된 모습으로 운동장에 있는 상사에게 다가가 고개 숙여 인사한다. "제가 얼마나 무능하고 오만했는지 깊이 이해했습니다. 이 깨달음을 회사를 위해 사용하겠습니다. 감사합니다!" 그에게는 마지막 시험이 남아 있다. 자기비판. 신고는 옷을 홀딱 벗고 자신의 잘못과 단점을 고백해야 한다. 심사위원 세 명이 무덤덤한 표정으로 책상 뒤에서 기다리고 있다. 신고가 자기비판을 시작한다. "이번 연수를 받으면서 그 동안 제가 얼마나 편협했는지 알게 되었습니다. 오만함이 하늘을 찔렀습니다. 능력이 부족하다는 지적을 받았지만 자만했습니다."

"더 크게!"

신고가 목소리를 높인다.

"좀 더 크게!"

13일째 되는 날은 공기도, 하늘도 맑다. 시험을 통과한 사람들은 검은색 양복을 입게 되고 통과하지 못해 3일을 더 훈련 받아야 하는 사람들은 다시 흰색 상의를 입는다. 폐회식 무대는 나무랄 데가 없다. 계속 과묵하게 있던 학교의 매니저가 속마음을 털어놓는다. "연수를 받은 사람들은 이 학교를 졸업하면서 지옥은 바깥세상이라는 사실을 알게 됩니다…" 강당은 순식간에 비워진다.

> 신고는 옷을 홀딱 벗고 자신의 잘못과 단점을 고백해야 한다. 심사위원 세 명이 무덤덤한 표정으로 책상 뒤에서 기다리고 있다.

학교 매니저가 홀로 남아 걱정한다. "버블처럼 큰일이 다시 터질까 봐 두렵습니다. 전에도 회사들이 직원들을 여기로 보낼 여유가 없었거든요…." 홍보를 담당하는 그가 조용히 껌을 씹는다. 그는 마음속으로 이 학교를 우습게 바라보고 있다. 그는 은퇴를 대비해 벌써부터 집세라도 벌 수 있는 새로운 부업을 찾고 있다.

이곳 캠프에 참여한 임직원들은 긴장된 분위기 속에서 아이들처럼 읽는 법, 쓰는 법, 말하는 법, 생각하는 법, 행동하는 법을 다시 배워야 한다.

재교육학교 설립자는 캠프송의 작곡자
이기도 하다. "이마에 흐르는 땀, 우리가
만든 것, 이마 위에 흐르는 땀, 우리가 팔
아야 하는 것. 낙심하지 말고 열심히 팔
자…."

알록달록한 고층 빌딩 아래, 메이드 복장의 소녀가 캔디 핑크 색 머리를 두 갈래로 땋고 미니스커트를 입은 롤리타 차림의 소녀와 만난다. 아키하바라 지하철역 밖으로 나오면 고양이 귀 머리띠를 한 소녀들, 가터벨트를 한 공주 차림의 소녀들, 여느 인간들처럼 자기 할 일을 하는 로봇들, 드래곤볼 캐릭터 같은 코스프레 차림의 사람들과 쉽게 마주칠 수 있다. 호기심을 자아내는 이들은 아키하바라를 자신들의 본부, 행성, 메카로 생각한다. 아키하바라는 그야말로 무료 입장하는 디즈니랜드 같은 곳이다. 도쿄 북쪽에 위치한 아키하바라는 만화, 애니메이션, 게임 속 가상의 캐릭터들을 현실로 튀어나오게 해주는 의상을 파는 가게들이 밀집해 있다. 엘리베이터에서 내리니 다른 세상이 펼쳐진다. 쇼핑몰 가운데에 통유리 카페가 있다. 마치 어항처럼 보이는 이 카페의 이름은 '메이드 카페'.

예쁜 갈색머리에 붉은색 기모노를 입은 메이드가 자신은 팬더 공원에서 태어났다고 이야기한다. 7유로(약 9,000원) 정도 되는 레몬 민트 코디얼*을 주문하자 메이드는 내게 감사의 뜻으로 손으로 하트 모양을 그리며 춤을 춘다. 메이드의 손가락이 섬세하게 접어 하트 모양을 만든다. 메이드의 목소리가 리듬을 탄다. "사랑을 담아 모시겠습니다, 주인님…" 그녀의 친구 피치 역시 '주인' 스테판에게 '사랑을 담아' 음료를 내온다. 피치는 신데렐라 차림이다. 아마도 어릴 때 가장 좋아하는 캐릭터가 신데렐라였나 보다.

메이드들은 모두 열일곱 살이라고 한다. 피터팬처럼 절대로 나이를 먹지 않는단다. 그리고 마치 요정처럼 실제 삶에 관한 질문은 교묘히 피한다. 그런데 두 명의 메이드 모두 대학생이라고 한다. "저는 꿈입니다. 꿈을 팔고 있습니다." 피치가 자리를 뜬다. 대학을 졸업한 지 오래되어 보이는 어느 남자 손님이 플라스틱과 작은 뼈로 된 장난감 강아지와 놀려고 피치를 기다리고 있다. 그는 인생의 패배자이지만 메이드의 부드러운 눈빛 덕분에 다시 시작할 수 있을 것도 같다. 그는 추가비용을 내고 피치의 사인이 들어간 사진도 사고 신데렐라에 나온 호박마차와 잃어버린 유리 구두 이야기를 하며 추억을 만든다. 외로움을 달랜다.

일본인들은 팬더 차림, 신데렐라 차림, 기타 자신이 좋아하는 캐릭터 차림으로 분장한 이들을 가리켜 '오타쿠御宅(일본어로 '집'을 의

---

* 코디얼은 과일 주스에 물·설탕을 탄 음료를 뜻한다.

미)'라고 불렀다. 오타쿠라는 말은 1980년대 초에 자신만의 세계에 갇혀 취미에 몰두하는 사람들을 가리키면서 대중적으로 알려졌다. 주로 인형 수집가, 동인지 수집가, 만화 캐릭터 팬, 게임 중독자 등이 오타쿠로 불린다. 사람들과 어울리지 않고 자신만의 취미에 몰두하며 혼자 방에 틀어박혀 생활하는 오타구들은 일본 열도에 약 30만 명 정도 되는 것으로 알려져 있다. 이들은 다른 사람의 눈에서 멀어져 텔레비전을 보고 익명으로 온라인 활동을 하면서 시간을 때운다.

　벨기에로 이주한 일본 여성 다나카 아야는 이들 자발적인 은둔자들을 가까이에서 다룬 저예산 다큐멘터리 〈민물, 소금물〉을 만들었다. 어느 날 여름, 그녀는 부모님 집에서 은둔생활을 하던 오빠를 촬영하기로 했다. 그때까지 그녀는 씻지도, 면도도 하지 않고 이빨이 빠져가던 오빠를 '괴물, 뚱뚱하고 끔찍한 인간'이라고 생각했다. 어느 날 밤, 오빠가 다나카 아야를 방에 들어오게 했다. 방 안 곳곳은 맥주캔들이 널브러져 있었다. 이 날 그녀는 처음으로 오빠가 건강하고 몸짓이 부드러우며 희귀한 곤충들의 특징을 정확히 설명할 정도로 지적인 사람이라는 것을 알게 되었다. 다만 오빠는 자신을 가리켜 '인생의 패배자'라고 고백했다. 오빠는 더 이상 친구와도 연락을 하지 않았고 사회에서

는 없는 사람이나 마찬가지였다. 부모님에게 오빠는 그림자 같은 존재, 누구에게도 말할 수 없는 수치에 지나지 않았다. 아야가 다

큐멘터리를 완성했을 때 오빠는 서른여덟 살의 나이에 간질환으로 세상을 떠났다.

1980년대부터 클럽과 동호회가 만들어졌고 쏟아지는 야유에도 불구하고 가장 외향적인 오타쿠들이 모여 거리 퍼레이드를 벌였다. 회사에서 직원 교육을 담당하는 서른여섯 살의 맷은 일주일에 두 번 저녁이면 흰색의 평퍼짐한 옷을 입고 외계인이나 비벤덤(미쉐린타이어 마스코트) 같은 모습으로 변장한다. 그리고 맷은 자신의 팝 밴드와 함께 무대에서 신나게 흔든다. 느긋하면서도 직설적인 그는 게으름 피울 권리가 있어야 한다고 주장한다. "과로하며 건강을 해치기도 싫고 자본주의의 병사가 되기도 싫습니다…. 제가 하는 일이 바보 같아 보여도 재미는 있습니다." 그는 엄격한 교육, 어디서나 늘 최고가 되어야 하는 사회적 압박을 언급한다. 결혼에 대한 부모님의 압박과 직장 스트레스가 대표적이다. 맷은 불만을 토로하기 위해 일본의 속담을 인용한다. "모난 돌이 정 맞는다."

맷은 오타쿠들이 이런 압박 때문에 가상의 세계에 빠지고 현실과는 다른 삶을 상상하며 '사라져 간다'고 힘주어 말한다. 어디론가 떠나는 것만이 도피는 아니다. 사랑과 자유를 꿈꾸기도 하고 소소한 것, 코스프레, 노래, 춤이나 손동작에 만족하기도 한다. 일

> "과로하며 건강을 해치기도 싫고 자본주의의 병사가 되기도 싫습니다…."

본에서는 이미 많이 볼 수 있는 풍경이다. "일본 사회는 다른 것을 싫어합니다. 그래서 우리는 캐릭터를 통해 개성을 뽐내고 일상을

우상에게 바칩니다." 맷이 말한다. 어린 시절에 머물면서 환상 속에 사는 것, 개성 표현이 거의 허락되지 않는 일본 문화에 나름 반항하는 방법이다.

이 날 저녁, 맷은 모던한 스타일의 빌딩 꼭대기에 있는 스튜디오 큐브326에서 콘서트를 연다. 공연 멤버인 여가수 두 명이 분장실에서 기괴한 복장으로 준비를 한다. 한 명은 파란색 스타킹을 신고 파란색 서클 렌즈를 꼈고 나머지 한 명은 붉은색 옷 위에 접시 안테나 장식을 달고 있다. 두 사람은 이렇게 외친다. "우리 부모님은 저희를 이해하지 못해요. 모든 것을 회사에 바쳐서 개인 생활을 가져본 적이 없죠. 우리는 여덟 살짜리 안드로이드 같은 사람입니다."

밤늦게까지 무대 위에서 현란한 차림, 메이드 복장, 롤리타 복장, 사드·마조히스트 로봇 분장, 아기 고양이 분장의 젊은 여성들이 퍼레이드를 펼칠 것이다. 마치 일본 애니메이션에서 튀어나온 듯한 캐릭터들의 모습이다. 어두운 극장 안에서 팬들은 우상들을 환호하며 맞이한다. 관객은 압도적으로 남성들이 많다. 많은 남성들이 양복 대신 캐주얼한 티셔츠를 입고 합창하듯이 노래 가사를 외치고 안무 동작을 따라한다. 저녁 공연 동안 이들은 우상의 명령에 따라 바닥에 누웠다가 펄쩍 뛰고 소리 지르며 자신에게 채찍질을 한다. 더 이상 공연이나 운동 같은 것이 아니다. 환각 상태의 분출에 가깝다. 이들 중 모든 것을 끝낼까 생각한 이는 몇 명이나 될까?

내 발밑에는 45세의 정비공 히로모토가 땀에 흠뻑 젖은 채 바닥에서 기쁨을 마음껏 발산한다. 그에게 마약과도 같은 '아기 고양이'의 공연 없이는 일주일을 보낼 수 없다. 히로모토는 우상의 사진이 새겨진 배지와 머그잔을 집에 고이 모셔놓고 있다.

"스트레스가 풀립니다. 잡념이 없어지고 에너지를 마음껏 발산하거든요. 이 맛에 살죠."

1990년대 버블경기가 붕괴한 후 증발하
는 사람의 수가 급증했다. 2008년 경제 위
기로 또 한 번 실종되는 사람과 자살하는
사람이 늘어났다.

성인이 스스로 증발하는 것은 법적으로 아무 문제가 되지 않는다. 가족들도 대부분 아무 말 없이 체념하듯 받아들인다. 실종자 가족들은 운명이라 생각하고 말을 아낀다. "그렇죠, 어쩔 수 없죠." 그리고 이웃, 동료, 친구들에게 들키지 않으려고 애쓴다.

실종자보다 실종자를 돕는 단체가 더 많은 미국에서처럼 일본에도 실종자에게 귀를 기울이고 도움을 주는 단체가 있지 않을까 기대했다. 일본판 〈SOS-우정〉이 있지 않을까 기대한 것이다. 하지만 전혀 없었다. 은퇴한 전직 경찰관들이 프랑스의 실종자 찾기 방송 〈실종Perdu de vue〉 같은 텔레비전 프로그램을 만들려고 하지만 아직은 준비 단계다. 새로 같이 일하게 된 통역사 준이 마침내 단체 한 곳을 알려준다. 2002년에 세워져 비밀리에 운영되는 단체로 '실종자가족지원협회'다. 가족을 찾는 사람들을 무료로 도 와주고 싶은 탐정들이 설립한 비영리 단체다.

열차가 도쿄를 동쪽에서 서쪽으로 가로지른다. 집들이 빠르게 지나쳐 간다. 집들 사이로 철책을 두른 너른 운동장이 보인다. 잔 디와 흙으로 잘 정리된 이 운동장은 일본인이 사랑하는 스포츠, 야 구를 할 수 있는 야구장이다. 야구는 모든 일본인들이 승부욕을 갖 고 하는 여가 활동이다. 열차 안에는 어떤 움직임도 없고 아무런 목소리도 들리지 않는다. 종이 하나 널브러져 있지 않고 여행 가방 하나 덜컹이며 흔들리지 않는다. 마치 감정도 없고 모든 것에 무신 경한 승객들이 무중력 상태로 여행을 하는 것 같다. 준은 자신의 외국생활을 속삭이듯 작은 목소리로 들려준다. 미국에서 영화 공 부를 하고 몇몇 프랑스인 다큐멘터리 감독들과 일한 경험이 있는 그는, 생각지도 않게 베트남TV에서 일하게 되었다고 한다. 외동 아들로 사랑을 받고 자란 그는 숨 막히는 침묵과 청결함, 모난 돌 은 정 맞는 획일주의에서 벗어나고 싶었다고 털어놓는다.

나이는 50대지만 아직 소년처럼 앳돼 보이는 얼굴의 준은 키는 작지만 다부진 몸을 가지고 있다. 스트레스가 쌓이면 날개를 퍼덕 이는 암탉처럼 두 팔을 흔드는 버릇이 있다. 준은 야쿠자를 연구하 는 한 전문가의 소개로 만났다. 그동안 수십 명의 통역에게 연락해 봤지만 첫 번째 면접에서부터 일을 거절하지 않은 사람은 준이 처 음이었다. 이메일로 통역 주제가 증발한 사람들에 관한 것이라는 말을 들었을 때 준은 과연 자신이 '일을 맡을 능력이 될까' 겁이 나 지만 최선을 다하겠다며 일을 수락했다. 개인적으로 준도 증발한 사람들에 관한 사건에 관심이 많았다. 경제 위기가 한창이던 때 어느 날 갑자기 고모 내외가 사라져버렸다. 가족들은 시간이 흘러도 고모 내외가 아무런 소식이 없자 죽었다고 생각했고 더 이상 이 문제를 입에 올리지 않았다. 그런데 최근에 고모가 다시 나타났다. 고모부를 여의고 나이가 들어 다시 나타난 고모는 빈털터리였다. 사촌 한 명이 나서 고모를 도와주었지만 고모는 비누처럼 미끄러지듯 빠져나가 또 다시 사라졌다. 준은 고모와 잘 아는 사이는 아니었지만 고모의 증발 사건을 생각하면 마음이 아팠다.

　조후調布 마을의 평화로운 거리에서 준은 크고 작은 건물의 복잡한 주소 때문에 정신없어 하며 불안한 듯 두 팔을 흔든다. 다행히 어느 친절한 아주머니의 도움 덕분에 제대로 목적지를 찾아갈 수 있었다. 평범한 건물이다. 거기서 준은 종이에 적힌 지시대로 우리를 인도한다. 콘크리트 계단을 올라 철문을 두드린다. 협회 본부는 마치 돈 없는 학생의 자취방 같다. 비좁은 공간, 기능성 책상, 두꺼운 파일로 가득한 철제 선반, 꽉 찬 재떨이들, 담배 연기로 검게 그을린 휑한 벽.

　얼굴이 통통한 후루우치 사카에 협회장과 힘차게 악수한다. 탐정으로 활동하는 그는 불륜이나 이혼, 뒷조사를 통해 돈을 벌지만 개인적으로 증발처럼 수수께끼 같은 사건에 관심이 많다고 한다. 그가 증발로 절망에 빠진 가족들이 남의 일 같지 않은 이유는 증발과 자살로 얼룩진 가족의 과거사 때문이다. 사카에는 자신의 가족 이야기부터 담담하게 꺼낸다. 책상 벽에 등을 기대고 서 있는 젊어 보이는 한 남자가 고개를 끄덕인다. 탐정 하야시자키 타쿠미 역시 가족 중에 자살한 사람이 있다. 이 같은 불행한 과거 때문에 준수하고 진지한 그의 얼굴이 고뇌로 가득해 보이는 것 같다. 그는 동료인 사카에가 이야기하는 것을 듣는다.

두 탐정은 매년 약 300건의 사건 의뢰를 받는다. 일본의 기준으로는 많지 않은 의뢰다. 이들은 매년 10만 명의 일본인들이 실종되는 것으로 보고 있다. 이 중 경찰에 신고되는 실종자가 8만 5,000명이다. 일시적인 가출인 경우도 있지만 상당수는 영원히 돌아오지 않는 '증발'이기도 하다. 사카에에 따르면, 경찰서를 찾아오는 가족들은 '수치심'을 이겨낸 것이다. 혹시 자살한 것은 아닐까 하며 가족들은 불안해한다. 절망에 못 이긴 사람들은 가출하고 이삼 일 만에 스스로 목숨을 끊는 일이 많아 신속하게 움직여야 한다. 사카에는 그 어떤 약속도 하지 않는다.

탐정들은 먼저 실종자의 일상이 어떠했는지 알아보고 컴퓨터에 저장된 내용부터 지저분한 세탁물까지 집안 곳곳을 조사해 가출을 미리 계획했는지, 얼마 전부터 계획한 것인지 알아본다. 그리고 주변 사람들을 상대로 탐문 수사를 벌이는 한편, 여러 도청에 최근 확인된 자살자들의 신원을 요청한다. 도청, 시청, 국세청, 의료보험공단 같은 일본의 관공서마다 파일이 있지만 개인 정보 보호를 이유로 파일을 한 곳에서 종합적으로 관리하거나 관공서끼리 서로 공유하지 않는다. 이처럼 데이터가 분산되어 있다 보니 죽은 실종자가 무연고자가 되어 장례식이 치러지고 나서야 가족에

이들은 매년 10만 명의 일본인들이 실종되는 것으로 보고 있다.

게 연락이 가기도 한다.

실종자들의 위치를 파악할 수 있는 유일한 길은 현금 인출 흔적인데, 경찰에서는 개인 정보 보호를 이유로 접근을 차단한다. 간혹 사정을 딱하게 여긴 은행 관계자가 부모에게 실종된 자녀의 계좌를 조회해주는 경우는 더러 있다. 하지만 법을 위반하는 것이라서 매우 드문 일이다. 이렇다 보니 증발한 사람의 흔적을 찾기까지 몇 년이 걸릴 수도 있다. 실종자 가족들은 탐정에게 의뢰하고 싶어도 비용 때문에 포기한다. 의뢰한다고 해서 찾을 수 있다는 확신도 없지만 매일 내야 하는 비용이 5~6만 엔(약 50~60만 원), 즉 매달 150~180만 엔(약 1,500~1,800만 원)에 달한다. "그래서 조사 대부분이 중단됩니다." 상황이 이렇다 보니 사카에는 협회를 세우기로 결심했다고 한다.

사카에는 두꺼운 파일을 넘기며 마치 병과 증상을 설명하는 의사처럼 진지한 목소리로 기억에 남는 사건들을 들려준다. 어느 날 한 아이의 아버지가 완전히 정신이 나간 표정으로 찾아와 아내가 가출했다고 한다. 장애를 앓고 있는 여덟 살 아들이 그날 음악연주회에 출연하기로 되어 있었고 아내는 공연에 참석해 맨 앞줄에서 관람하겠다는 약속을 했다고 한다. 하지만 아이는 엄마를 보지 못했다. 그날 저녁에도, 그다음 날 저녁에도, 그리고 그다음 날 저녁에도⋯ 아내는 나타나지 않았다. 장애가 있는 아이를 키우는 것은 여간 힘든 일이 아니다. 남자는 아내가 기운 없어 보일 때가 있었다고 털어놓는다. 하지만 아내의 행동에서 가출할 기미는 전혀 보이지 않았다고 한다. 여기저기 수색했지만 헛일이었다. "아이가 있는 어머니니 어쩌면 방황하다가 가족 곁으로 돌아올 수도 있겠죠⋯." 사카에가 희망을 갖는다. 사카에는 스무 살에 증발해버린 청년 이야기도 들려준다. 회계시험을 보러 간다던 아들이 돌아오지 않자 부모는 교수와 친구들에게 전화를 걸었다. 그중 한 명이 도쿄 남쪽에서 그를 우연히 봤다고 했다. 절망에 빠진 사람들을 구하는 것이 일이었던 두 탐정은 목격 장소를 철저히 수색했고 사카에는 거리를 방황하던 실종자를 우연히 발견했다. 실종자는 불합격해 가족을 실망시킬까 봐 시험은 치지도 않았다고 한다. 자살을 생각했지만 어떻게 목숨을 끊어야 할지 몰라 배회하고 있었단다. 그는 수치심에 몸을 떨었다.

사카에가 보기에 일본 열도는 '압력솥' 같다고 했다. 일본인들은 마치 약한 불 위에 올려진 압력솥 같은 사회에서 스트레스를 받고 있다. 그러다 압력을 견딜 수 없을 정도가 되면 수증기처럼 증발해버린다. 증발 문제는 터부시되고 있지만 연간 자살자 수 3만 3,000명, 즉 매일 집계되는 자살자 수가 90명에 이른다는 말이다. 일본 사회의 어두운 부분을 단적으로 보여주는 대목이다. "인간이라면 새어나가지 않는다. 새어나가는 것은 수도꼭지나 하는 일이다." 재즈 연주자이자 작가였던 보리스 비앙이 했던 농담이다. 하지만 일본에서는 보리스 비앙의 철학이 전혀 통하지 않는다. 인간이기 때문에 사라진다.

일본 연구서의 대표적인 책으로 꼽히는《국화와 칼The Chrysan-themum and the Sword》(1946)은 서구권 사람이 이해하기 힘든 일본인들의 코드를 분석하는 데 도움을 준다. 인류학 연구서인 이 책은 일본에서 당연시되는 습관들을 분석한다. 그리고 모든 일본인들이 중요하게 생각하는 예의, 일본인들이 수치심을 느끼는 상황과 당혹스러워 하는 상황, 일본인이 스스로 지키려 하는 것들에 대해 다룬다. 애초에 《국화와 칼》은 미국 전시정보국이 제2차 세계대전이 끝날 무렵 일본과 대치하고 있는 연합군에게 매뉴얼로 배포할 목적으로 집필을 의뢰한 것이다.

> 일본인들은 마치 약한 불 위에 올려진 압력솥 같은 사회에서 스트레스를 받고 있다. 그러다 압력을 견딜 수 없을 정도가 되면 수증기처럼 증발해버린다.

그런데 저자 루스 베네딕트는 두 가지 커다란 제약에 부딪쳤다. 하나는 일본어를 모른다는 것이었고 또 다른 하나는 적국인 일본에 직접 가서 현장 조사를 할 수 없다는 점이었다. 그래서 미국에서 일본에 관한 방대한 문헌과 잡지 기사를 읽고 미국에 거주하는 일본인 이민자와 포로들을 인터뷰하여 단 1년 만에 《국화와 칼》을 쓰는 데 성공했다. 일본인 자신들도 이 책을 대표적인 일본 연구서로 꼽는다.

루스 베네딕트는 《국화와 칼》에서 일본인들은 과거의 관습 속에서 살아간다고 쓰고 있다. 일본인들은 넓은 의미에서 윗사람들(조상, 부모, 교수, 심지어 일왕)에게 빚을 지고 있다는 감정을 가지고 있고 이것은 시간이 지남에 따라 커진다. 이 빚을 갚는 것은 체면과 관련된 문제다. 대부분의 일본인들은 가능한 한 다른 사람들에게 빚을 지지 않으려 애쓴다. 그렇기 때문에 사고를 당해도 다른 사람에게 빚을 질까 두려워서 소극적으로 행동한다. 빚을 지고 있다는 이 독특한 감정은 의무를 요구한다. 그중 첫 번째 의무는 자신의 체면을 손상시키지 않는 것이다. 이 의무는 너무나도 강력해서 조그만 실수에도 일본인들은 크게 자책한다. 결국 예의를 지키고 타인에게 폐를 끼치지 않기 위해 증발이나 자살을 선택한다. '일본인들은 실패, 수치심, 매정한 거절을 견디는 힘이 약하기 때문에 자연스럽게 타인보다는 자기 자신을 괴롭힌다.' 루스 베네딕트가 쓴 글이다.

금융 위기로 인해 부채가 심각한 사회문제로 등장하자 사람들의 증발이 대거 발생했다. 당시 두 탐정은 모두 젊은 나이였다. 증발 같은 야반도주는 늘 존재했지만 한편으로 합법적으로 빚을 없애는 방법을 찾아달라는 의뢰가 들어오기도 했다. 그러다가 암울한 신세대가 등장한다. 나이가 많아 봐야 고작 서른에 불과한 이들은 '잃어버린 세대'에 속한다. '잃어버린 10년'이라 불리는 1990년대에 고용시장에 나오게 된 이들 청년 세대는 더 이상 직장을 탈출구로 삼을 수 없었다. 이 같은 상황은 이들 세대의 몸과 마음을 갉아먹었다. 백수로 지내거나 아르바이트를 전전하면서 이들은 미래를 꿈꿀 수 없는 어두운 상황을 그저 지켜볼 뿐이었다. 대학 졸업장은 아무 쓸모가 없었고 경기 불황은 눈앞의 현실이었다. 많은 젊은이들이 부모의 집에 얹혀 살 수밖에 없었다. 혼자서는 도저히 집세를 감당할 수 없었기 때문이다. 심지어 부부가 부모님의 집에 들어와 사는 일도 있다. 불안한 현실과 깜깜한 미래 앞에서 이 새로운 캥거루족 세대는 탈출구를 찾고 있다.

당시 이 세대에 속하는 한 청년이 증발해 부모에게 간략한 편지를 보내왔다. '잘 지내고 있으니 걱정하지 마세요.' 편지가 발송된

장소를 중심으로 경찰들은 실종자 수배전단지를 돌렸다. 청년은 증발한 지 10년 만에 발견되었다. 그는 본명 그대로 어느 파견업체에서 팀장으로 근무하고 있었다. 그는 살고 있는 도시에 세금은 꼬박꼬박 냈지만 신용카드와 의료보험은 절대 사용하지 않았다. "빚이나 폭력을 피해 도망친 사람들은 이름과 외모를 바꿀 때도 있습니다. 그러나 다른 이유로 증발한 사람들은 자신이 발견되리라는 생각을 아예 안 합니다." 사카에 협회장의 설명이다. 증발했던 청년이 마치 어제 만난 사람처럼 아무렇지 않게 부모님을 점심 식사에 초대했다. 그러나 부모님은 그를 알아보지 못했다. 이전보다 쾌활하고 활기 넘치고 편안해 보였기 때문이다. 부모는 아들이 무슨 이유로 증발했는지 이해하지 못했으나 적극적으로 알려고도 하지 않았다.

오사카에 있는 갈루 탐정 사무소의 탐정, 그녀는 불륜, 이웃과의 다툼, 협박 사건과 관련된 조사를 진행한다. 그리고 실종 사건도 조사하고 있다. 여전히 미제로 남아 있는 사건이 많다.

도쿄에서 활동하는 사립 탐정 하라다 히데키는 미행할 때 들키지 않으려고 살짝 분장을 하기도 한다. 그는 사라진 청년 하나를 도진보 절벽에서 찾아냈다.

# 12. 아야에의 고백, 증발 21년

우리 남편은 정육점에서 일했다. 차라리 남편이 장의사였으면 좋았을 것 같다. 우리는 계곡이 많은 시골에서 부모님에게 물려받은 목조 주택에 살았다. 겨울은 살이 에이는 듯 추워서 집에 틀어박혀 있어야만 하는 시골이다. 남편 에이키는 그곳에서 가장 오래된 정육점까지 자전거를 타고 출퇴근했다. 얼음이 얼거나 눈이 올 때면 남편은 목도리를 코까지 추켜올리고 팔짱을 낀 채 펭귄처럼 느릿느릿 걸어서 출근했다. 지금도 그 정육점이 눈에 선하다. 네온사인이 밝게 켜진 깨끗한 가게. 깐깐한 사장은 두 직원에게 정성을 다해 손님을 모시라고 신신당부했다. 손님들에게 훌륭한 고기를 먹기 좋게 잘라 정성스럽게 포장해야 한다고 강조했다. 사장은 지위와 지켜야 할 평판이 있었다. 우리가 사는 시골 마을에서는 소문이 삽시간에 퍼지기 때문이다.

에이키는 도착한 상품을 받기 위해 아침 일찍 출근했고 가게 문을 닫을 때까지 하루 종일 열심히 일했다. 남편은 주문한 고기의 품질을 확인하기 위해 정기적으로 도살장에 가야 했다. 남편은 단 한 번도 투덜거리지 않았지만 자신의 일을 좋아하는 건 아니었다. 아버지의 작은 가게는 큰형이 물려받았기에 남편은 현실적으로 할 수 있는 일을 직업으로 택한 것뿐이다. 경쟁 정육점이 폐점하면서 일은 더 바빠졌다. 남편은 눈에 다크서클이 지고 손은 상한 채 기운 없는 모습으로 퇴근했다. 그러나 남편은 말 한 마디 없이 잠자리에 들었다. 아들은 아빠 얼굴을 거의 본 적이 없었다. 아들은 내가 혼자 키우다시피 했다. 아들이 학교에 들어가자 나는 집안 살림과 식사 준비에서 어느 정도 벗어날 수 있었다. 운동도 하고 책도 읽고 미술과 도예 수업도 들었다. 그러나 지루했다.

4월의 어느 날 저녁, 벚꽃이 막 피기 시작하는 무렵이었다. 사장 히로시는 우리 부부를 한식당에 초대했다. 사장은 직원들과 개별적으로 특별한 시간을 꼭 가졌다. 사장과 우리 부부는 어린 시절부터 알던 사이로 학교도 같이 다녔다. 사장은 마음에 드는 사람이었다. 직업이 주는 선입견과 달리 재미있는 성격에 매너가 좋고 외모도 단정했다. 음식에 관심이 많았던 그는 생강이 들어간 쇠고기 요리의 부드러운 육질과, 채소와 함께 싸 먹는 고기구이에 감탄했다. 남편의 사장이라서 나는 그와 직접 이야기를 나누지 않았다.

저녁 식사 이후 사흘이 지났다. 집안 정리를 하고 있을 때 초인종이 울렸다. 사장 히로시였다. 혹시 남편에게 무슨 일이 생겼나 하는 생각이 들었다. 히로시는 바로 날 안심시켰다. "지나가는 길에 초인종이나 한 번 눌러보고 갈까 하는 생각이 들었습니다."그는 매우 흥분된 표정이었다. 이후 그는 가끔씩 찾아오다가 점점 자주 찾아왔다. 방석에 앉아 있는 그에게 나는 차와 간단한 쿠키를 내왔다. 우리는 거의 아무 말도 하지 않았다. 그러다가 조금 용기를 내 그를 바라봤다. 그의 향수와 유행이 지난 옷이 왠지 마음에 들었다.

어릴 때 학교에서 교실 구석에 앉아 있거나 운동장에 혼자 있던 히로시가 떠올랐다. 아이들은 그와 같이 놀려고 하지 않았다. 아이들은 잔인하게도 그에게 오랫동안 짓궂은 말, 상처 주는 말, 기를 꺾고 수치심을 느끼게 하는 말을 했다. 아이들은 일본 최하층 계급 '부락민'이라며 그를 놀렸다. 얼굴에 계급이 적혀 있는 건 아니지만 사람들은 알고 있었다. 그리고 계급은 세대에 걸쳐 전해졌다. 수줍음이 많았던 나는 히로시도 분명히 나만큼 마음이 고통스러울 것이라고 생각했다.

히로시와 나의 사적인 만남은 가을까지 계속되었다. 인생에서 가장 아름다운 순간이었다. 그러나 우리는 서로의 몸에 손을 대지 않았다. 그저 서로 바라보는 것만으로도 충분했다. 그리고 10월 16일 아침에 히로시가 들어와 자리에 앉더니 뜨거운 차를 마시자마자 거의 숨도 쉬지 않고 불쑥 고백을 했다. 그의 고백은 한 마디 한 마디가 지금도 완벽히 기억난다. "사랑해요, 아야에. 늘 사랑했지만 차마 말을 할 수 없었습니다. 당신은 너무 아름다웠습니다. 하지만 나는 정육점집 아들이라서… 당신에게 다가가고 싶어서 남편 에이키를 고용한 겁니다."

나는 아무 말도 나오지 않았다. 곧 그가 일어나 자리를 떴다. 마치 몽유병에 걸린 것처럼 머릿속이 멍했다. 아들을 데리러 학교에 가야 했는데 늦었다. 그리고 접시를 깨뜨리기도 했다. 이후에도 일상생활이 손에 잡히지 않았다. 부모님이 선택해준 지금의 남편을 사랑한 적이 있었나? 신혼여행의 밤이 떠올랐다. 혐오감이 느껴졌다. 그동안 나는 남편에게 익숙해졌을 뿐이다. 그리고 히로시, 어린 시절 사랑했던 남자, 멋지고 재미있는 남자. 그를 다시 만나고 싶었지만 지옥 같은 감옥에 갇혀 옴짝달싹할 수 없었다. 외출하는 것이 두려웠다. 혹여 그와 마주칠까 봐. 집에 있을 때는 그가 또 찾아올까 봐 걱정스러웠다. 이렇게 작은 마을에서 우리 사이는 이어질 수 없었다. 남편은 이미 눈치챘을 수도 있다. 가장 괴로워하고 있을 수도 있다. 죄책감이 들었다. 몇 시간이고 구름을 뚫어지게 바라봤다. 나를 챙기는 것도 귀찮았고 아무런 의욕도 없었다.

아들은 학교에 있었다. 남편의 봉급은 내가 관리하고 있었다. 우리 집 예금을 전부 인출했다. 그리고 대문도 걸어 잠그지 않은 채 그대로 나왔다. 아들을 버렸다. 이보다 더 나쁜 일이 있을까? 나는 이 나쁜 짓을 했다. 갈 곳은 알고 있었다. 나름 계획이 있었다. 열차를 타고 떠난다. 모자를 써서 얼굴을 숨긴다. 바닥부터 다시 시작한다. 뭐든 각오가 되어 있다.

도쿄의 어느 싸구려 모텔에 도착했다. 주변에는 빛으로 밝게 빛

> 부모님이 선택해준 지금의 남편을 사랑한 적이 있었나? 신혼여행의 밤이 떠올랐다. 혐오감이 느껴졌다. 그동안 나는 남편에게 익숙해졌을 뿐이다.

나는 타워, 쇼핑몰, 오락실이 있었다. 이불과 요가 겨우 들어갈 정도로 작은 방에 틀어박혀 지냈다. 아들 생각이 났다. 잘 웃고 기운이 넘치던 아들이 보고 싶었다. 아들은 호기심이 많았고 장난치는 것과 먹는 것을 좋아했다. 작은 것들에 감동하고 놀라며 그 속에서 재미를 찾을 줄 알았다. 우리 집 근처의 숲과 뭉게구름도 떠올랐다. 나무 아래의 마법 같은 산책길, 아들과 함께 이끼를 가지고 놀던 일… 이런 생각이 들었다. '내가 놓쳐버린 건 뭐지? 앞으로 무엇을 놓치게 될까?'

저녁나절 공중목욕탕에 갈 때만 방에서 나왔다. 열기와 수증기 덕에 마음이 편했다. 허물을 벗고 완전히 다른 사람이 되었다. 미련도 없고 의지할 곳도 없는 자유인. 일주일 후, 갖고 있는 옷 중 제일 예쁜 옷, 몸에 딱 달라붙고 하늘거리는 실크 소재의 옷을 입고 하이힐을 신었다.

사원처럼 우뚝 솟은 은행, 사람들로 붐비고 시끄러운 가게, 사람들이 득실거리는 교차로를 지나갔다. 도쿄에는 처음 와봤다. 내가 살던 마을과 도쿄는 딴 세상이었다. 마침내 주소를 찾았고 건물 엘리베이터를 타고 체인 레스토랑에 들어섰다. 네크라인이 깊게 파인 옷차림에 화장을 한 여자가 날 기다리고 있었다. 어릴 적 같은 반 친구였던 치요다. 폭력적인 남편 때문에 불행한 결혼생활을 하다가 이혼을 했다. 이혼 후 가족과 사이가 나빠져 고향을 떠났다. 북쪽에 있는 고향 마을에서는 친구가 도쿄에서 돈을 많이 번다는 이야기가 돌았다. 마을 사람들이 나에 대해서는 뭐라고 할까?

저녁 식사는 즐거웠다. 치요는 따뜻하고 솔직했다. "여자가 돈

없이 혼자 사는 건 너무 힘들어. 너도 서른다섯 살이면 더 이상 여성으로서 매력은 없지. 그래도 넌 아직 싱싱해." 치요는 담배를 피우다가 냅킨 귀퉁이에 전화번호를 하나 적어주었다. "내가 보냈다고 하고 가서 이 남자를 만나봐. 가부키초에서 너한테 맞는 일자리를 소개해줄 거야." 축구장 대여섯 개를 합쳐놓은 것처럼 넓은 가부키초는 각종 유흥업소가 모인 곳이다. 반짝이는 간판들은 유혹적인 미소와 허벅지까지 추켜올린 주름치마를 자랑하듯 보여준다. 다른 간판은 구릿빛 피부에 샤키컷을 한 젊은 남자들의 얼굴을 보여준다. '밤의 친구'라 불리며 여자 손님들의 술자리에 같이 있어주고 여자 손님들이 원하면 더욱 친밀한 서비스를 해주는 호스트들이다. 업소 앞에서 검은색 양복을 입고 지키고 있는 경비 직원들을 지나면서 치요가 내게 속삭였다. "일을 하게 되면 아무도 귀찮게 못 할 거야. 야쿠자들이 보호해줄 거니까." 왠지 불편했다. 밤이 되자 추웠다.

치요가 중간에 다리를 놔준 덕분에 동네 바에 면접이 잡혔다. 나는 누군가의 안내를 받아 랩댄스 바를 지나 보디가드 두 명에게 둘러싸인 채 앉아 있는 남자에게로 수줍게 다가갔다. 검은색 양복을 입은, 얼굴이 통통하고 어깨가 가냘픈 남자가 빨대로 주스를 마시고 있었다. 언뜻 보기에는 한 가족을 책임지는 여느 샐러리맨과 다를 것 없는 모습이었지만 새끼손가락 마디 하나가 없었다.

그는 두 가지 제안을 했다. 첫 번째 제안은 나를 호스티스로 채용한다는 것이었다. 호스티스의 일에 대해 그가 짧게 설명했다. 말벗이 되어 손님을 기쁘게 하고 유혹해서 2차로 별실에서 비싼 서비스를 받고 싶게 하는 것이라고 했다. 두 번째 제안은 월급이 적은 홀 서빙 직원이었다. 두 가지 모두 월급은 현금으로 지급되지만 고용계약서는 없다. 또 밖에서 이 일을 한다고 절대 이야기해서는 안 된다고 했다. 나는 홀 서빙 일을 하겠다고 했다. 이렇게 해서 미니스커트를 입고 하이힐을 신으며 다른 인생을 살게 되었다. 매일 밤 열심히 일했다. 나머지 시간

> 치요가 내게 속삭였다. "일을 하게 되면 아무도 귀찮게 못 할 거야. 야쿠자들이 보호해줄 거니까."

은 잠을 잤다. 치요는 유일한 친구였다.

몇 년 뒤, 야쿠자 주인이 내게 조그만 야간 업소를 맡아보라고 했다. 특이한 술집이었다. 길고 비좁은 공간에 인테리어는 촌스러웠다. 한 번에 다섯 명 이상의 손님은 받을 수 없는 좁은 술집이었다. 손님은 모두 단골이었고 다양한 부류의 사람들이 드나들었다. 은행원, 의사, 예술가, 샐러리맨, 힘은 있으나 외로운 남자, 유부남, 독신주의자. 나는 손님들의 잔을 채워줬고 이야기를 들어주었으며 손님들과 같이 술을 마시고 담배도 폈다. 내가 이야기를 열심히 들어줄수록 손님들은 더 많은 술을 주문했다. 그 술집이 나의 집이었다.

단골손님 중 결혼해 아이가 둘인 사업가가 있었다. 이 손님은 늘 해 질 녘에 찾아와 연거푸 술을 마셨고 계속해서 내 칭찬을 했다. 그는 머지않아 나의 열정적이고 헌신적인 애인이 되었다. 우리는 10년 동안 몰래 만났다. 그러나 그가 은퇴하고 아내의 감시를 받으면서 더 이상 볼 수 없게 되었다. 그는 내게 어떤 약속도 한 적이

없다. 하지만 어쨌든 그이 덕분에 몇 년 전 근처에 조그만 식료품 가게를 열게 되었다. 식료품 가게, 나의 가게, 이해가 되는가? 부모님이 아셨다면… 내게 찾아온 뜻밖의 행운이었다.

그이와 있을 때 나는 늘 말을 얼버무렸다. 출신을 들킬까 봐 두려웠다. 하지만 그이는 똑똑한 사람이라서 내가 부락민 출신이라는 것을 눈치챘을 것이다. 우리 같은 사람은 저주받은 인생이다. 이루어질 수 없는 사랑을 정리했다. 어쨌든 불륜이었다. 날고기 냄새, 이웃들의 경멸 어린 눈초리에서 벗어나 숨을 쉬고 싶었고 운명을 개척해보고 싶었다. 비참하게 몸을 파는 여자들, 술독에 빠져 사는 불쌍한 남자들을 오랫동안 봐왔다. 야쿠자는 이렇게 절망에 빠진 사람들을 이용해 돈을 번다. 나는 이런 비즈니스의 보잘 것 없는 부품 중 하나였다. 넘어지기도 자주 넘어졌지만 그럴 때마다 다시 일어났다.

15년이 지나서야 용기를 내 집에 전화할 수 있었다. 수화기 너머로 낯선 목소리의 여자가 이전에 살던 사람들은 고베로 이사 갔다면서 주소를 알려주었다. 그로부터 일주일이 지나서야 다시 용기를 내 전화번호를 눌렀다. 굵고 낮은 목소리의 남자가 전화를 받았다. "전화할 줄 알았어요, 엄마." 아들인지 알아보지 못했다. 이제는 어엿한 남자가 되어 있었다. 남자가! 아들은 법을 공부해 무역회사의 법률 자문으로 일하고 있었다. 그래, 잘 지내고 있었다. 아들이 주말에 날 찾아오겠다고 했다. 아들이 얼른 달려와주었으면 좋겠다고 생각했다. 참고 기다렸다.

아들과 카페에서 만났다. 서로 모르는 사람처럼 어색했다. 아들은 집까지 바래다주었지만 들어오려고 하지는 않았다. 이제 아들은 야무진 눈빛을 가진 잘생긴 청년이 되어 있었다. 아들은 그동안의 이야기를 들려주었다. 남편은 내가 여행을 떠났다고 아들에게 이야기했고 아들은 오랫동안 그렇게 믿었다고 한다. 그리고 비극적인 일이 일어났다고 한다. 정육점 사장이 자살한 것이다. 사장은 가장 오래 일한 직원이었던 남편, 그리고 내게 가게를 물려준다는 유서를 남겼다고 한다. 남편은 하나밖에 없는 아들의 학비를 벌기 위해 열심히 저축했다고 한다. 하지만 남편은 작년 겨울에 교통사고로 세상을 떠났다. 아들이 이렇게 말했다. "세상에 나 혼자 남았어요. 엄마가 필요했고요. 엄마를 원망했어요."

아들은 별로 말을 많이 하지 않았다. 너무 늦어버렸다. 아들은 날 용서하지 않을 것이다.

# 13. 실패에 관대하지 않은 사회

벚꽃은 봄에 피었다가 재빨리 사라진다. 흰색, 옅은 분홍색 혹은 짙은 분홍색을 자랑하며 길가를 수놓아 별 볼 일 없는 공원마저도 '에덴의 정원'으로 바꿔버린다. 제2차 세계 대전 때 일본 정부는 국민들에게 전쟁에서 목숨을 잃은 병사들의 영혼이 벚꽃에 깃든다는 신화를 심어주었다. 이 같은 신화가 전쟁이 끝난 후에도 통했을까? 증발해버린 사람들도 방황하면서 아름답고 덧없는 인생을 상징하는 벚꽃에 이끌리지 않았을까?

탐정들은 그 어떤 가능성도 배제하지 않는다. 이 날 오후, 준수한 외모에 표정이 진지한 다쿠미 탐정이 똘망똘망한 눈으로 여전히 존재하는 '가미카제 전사들', 즉 증발한 사람들을 찾아 또랑또랑한 눈망울로 공원을 지나간다. 벚꽃, 녹나무, 대나무, 감나무로 조성된 일본식 정원에는 노인들이 느릿느릿 산책을 하고 있다. 거의 움직이지 않는 것처럼 보일 정도다. 샐러리맨들은 쌀밥, 생선, 다채로운 채소 반찬이 들어 있는 나무 도시락을 비운다. 조금 공원에 머물다가 다쿠미는 인터넷 카페로 가서 여느 이용자처럼 칸막이가 쳐진 1인실에서 휴식을 취하거나 포르노 사이트를 열어볼 것이다. 그리고 가방에서 사진을 꺼내 카페 매니저에게 보여줄 것이고 매니저는 보지도 않고 모른다며 고개를 절레절레 흔들 것이다. 여기 손님들은 자유를 누린다. 매니저는 손님의 사생활에 대해서는 알고 싶어 하지도 않고, 비밀을 보장해주는 이곳의 규칙을 어기고 싶지도 않는다. 다쿠미는 여느 때처럼 실망하지 않고 매니저에게 고맙다는 인사를 할 것이다.

이어서 다쿠미는 윗방과 아랫방들이 다닥다닥 붙어있는 평범한 '캡슐 호텔'의 로비로 들어갈 것이다. 여기서는 투숙객들이 물품 보관함에 개인 소지품과 신분증을 넣은 후 호텔이 제공하는 잠옷으로 갈아입고 마치 관처럼 길고 좁은 방에 눕는다. 이곳은 실종자가 새로운 삶에 들어서기 전에 이름을 숨기고 잠시 묵었다 가는 또 다른 장소다. 오늘 다쿠미가 들고 다니는 작은 전단지 속 인물은 몇 주 전에 도쿄에서 멀지 않은 소도시 도코로자에서 사라진 '은퇴한 교사'다. 장성한 두 자녀를 둔 그는 평화로운 삶을 살았다. 처음에는 모든 것이 좋았다. 지인들도 한결같이 그렇게 말했다. 다쿠미는 실종된 교사의 아내를 만나 편안한 분위기를 만들며 실종자의 평온한 삶에 무슨 문제가 생겼냐고 물었다. 그러자 부인은 남편이 갑자기 금융투자 관련 텔레비전 방송에 중독되었다는 이야기를 들려주었다. 이어서 그는 잘될 것이라 확신하며 주식에 손을 댔다고 한다. 자신감이 넘쳤고 고집을 꺾기 힘들었다고 한다. "늘 남편의 의견을 따를 수밖에 없었습니다." 부인이 다쿠미에게 말했다. 역시 그녀의 우려 대로 남편은 많은 돈을 잃었다고 한다. 그녀는 저축한 돈이 아직 남아 있으니 노후는 편안히 보낼 수 있을 것이라고 하며 남편을 안심시켰다고 한다. 하지만 남편은 크게 마음의 상처를 받았다고 한다. 어느 날 아침 장을 보고 집에 들어온 그녀는 식탁 위에 놓인 쪽지를 발견했다. '내가 바보 같은 짓을 한 것 같아. 지금은 혼자 살아보고 싶어. 혼자 살다가 안 되겠으면 돌아올지도 몰라. 돌아오면 부탁이니 다시 받아줘.'

부인은 집안 곳곳을 뒤졌다. 남편은 운전면허증, 여행 가방, 학교에 근무할 때 들고 다니던 가방은 가져갔지만 신용카드, 교통카드, 의료보험증, 옷가지는 모두 두고 떠났다고 한다. 다쿠미 탐정이 들려준 이야기는 이렇다. "부인은 먼저 경찰서에 연락했지만 남편의 쪽지를 보고도 경찰이 특별한 조치를 취하지 않아 몇 주 전에 우리를 찾아왔습니다." 다쿠미는 사라진 교사의 인터넷 검색 기록을 자세히 조사하다가 실종자가 닛코 행 열차 시간표를 여러 번 조회했다는 사실을 알게 되었다. 실종자는 평소 좋아하는 도시였던 닛코로 학생들을 데리고 소풍을 자주 갔다. 조사를 하면서 다쿠미는 이어서 실종자가 기록해놓은 컴퓨터교실을 찾아갔다. 실종자는 가출 전 날 모든 것을 깨끗이 정리해놓았다. 그래서 손자의 피아노

'내가 바보 같은 짓을 한 것 같아. 지금은 혼자 살아보고 싶어. 혼자 살다가 안 되겠으면 돌아올지도 몰라. 돌아오면 부탁이니 다시 받아줘.'

공연에 못 갈지도 모른다며 다소 애매하게 돌려 말한 것일까? 다쿠미는 실종자가 사전에 가출을 계획한 것이라고 생각해 실종자가 소풍으로 즐겨 찾던 닛코로 가보기로 했다. 하지만 헛수고였다.

계속 조사 작업을 하던 다쿠미는 이제 우에노에 있는 도쿄 중앙역으로 가서 열차 플랫폼을 왔다 갔다 했다. 주변에는 가게 간판들이 반짝이고 통로는 서류가방을 든 샐러리맨과 바삐 오가는 사람들로 가득했다. 이런 인파 속에서 어떻게 실종자를 찾을 수 있단 말인가? 꼭 닫힌 문, 들어갈 열쇠가 없는 철통 같은 문화에 난 지쳐가고 있다. 하지만 스테판은 다쿠미의 열정적인 수색 작업에 흥미를 느끼고 있다.

다쿠미가 역장과 근처 경찰에게로 가서 실종자를 본 적이 있느냐고 묻는다. 모두 실종자의 사진을 보고 모른다며 고개를 가로젓는다. 다쿠미가 자신의 방식을 설명한다. "운에 맡깁니다." 그는 씩씩하게 걸으며 증발한 사람이 다시 나타나는 경우도 있다고 설명한다. 규칙도, 표준도 없다. 증발한 사람은 장례식에 갑자기 나타났다가 다시 갑자기 사라져버릴 수도 있다. 혹은 가족이나 지인들에게 전화를 걸어 그냥 자신이 살아 있음을 알리기도 한다. 증발했다가 아이들이 다니는 학교 밖에서 갑자기 모습을 드러내거나 그냥 집 앞 계단에 앉아 있기도 한다. 혹은 양복을 입고 전에 다니던 직장 앞에 나타나기도 한다. 하지만 증발했다가 돌아와도 따뜻한 환영을 받는 것은 아니다. 배우자가 이사를 가거나 재혼을 했을 수도 있다. 자녀들에게는 패배자, 혹은 겁쟁이 취급을 받는다.

다쿠미는 뜻밖의 결말을 맞이했던 수사 이야기를 들려준다. 어

실종자 가족을 지원하는 단체에서 일하는
하야시자키 타쿠미 탐정은 쉬는 시간을 쪼
개 실종 사건을 무료로 조사한다.

느 40대 남자가 시청 주차장에 세워둔 자가용 안에 신분증을 남긴 채 그대로 증발했다. 불법 사채를 이용한 후 협박에 시달리던 그는 도주했고 마침내 협회의 탐정들에게 발견되었다. 탐정들은 모친에게 연락해 사라진 아들이 숨어 지내는 곳을 알려주겠다고 했지만 어머니는 제안을 거절했다. 아들이 살아 있다는 소식만으로도 충분하다고 했다.

다쿠미는 재회가 해피엔딩으로 마무리되는 일은 거의 없다고 한다. "가족과 지인들은 사회에서 도망치는 것을 잘못된 선택이라고 생각합니다. 우리 일본 사회는 실패에 관대하지 않습니다. 실패는 개인이 사회에서 해야 할 의무와 역할을 다하지 못했다는 의미죠." 어느 날 다쿠미는 한 여성 고객으로부터 서른다섯 살에 증발해버린 남편을 찾아달라는 의뢰를 받았다. 당시 실업자가 된 남편은 사이타마에서 공인회계사 자격증 준비반을 다녔다. 남편이 증발하기 전 날, 부부는 심하게 다퉜고 아내는 남편에게 심한 말로 상처를 주었다. 아내는 남편이 곧 돌아올 것이라 생각했지만 석 달이 지나도 돌아오지 않자 혹여 남편이 자살한 것은 아닐까 하는 걱정이 들기 시작했다. 다쿠미는 보증금 없이 일주일 단위로 렌트비를 정산하는 어느 아파트에서

"우리 일본 사회는 실패에 관대하지 않습니다. 실패는 개인이 사회에서 해야 할 의무와 역할을 다하지 못했다는 의미죠."

남자를 찾아냈다. 축구 광팬이었던 남자는 그동안 전국을 떠돌며 축구 경기를 관람했고 비용은 전부 현금으로 계산하고 다녔다. 현재 부부는 다시 함께 살고 있지만 언제 갈라설지 모를 정도로 위태

로운 상태다. "일어난 일은 산산이 부서져버린 접시와 같아서 아무리 노력해도 본래 상태로는 돌아가지 않는다." 무라카미 하루키의 《해변의 카프카》에 나오는 구절이다.

역 앞 광장에는 양복 입은 남자들과 주름치마를 입은 여자들로 가득하다. 다쿠미는 규슈 행 유람선에서 개인 소지품만 남긴 채 증발해버린 어느 청년 이야기를 들려준다. 그리고 내게 그 청년의 가족 전화번호를 알려준다. "가족이 자세히 설명해줄 겁니다."

도쿄 우에노 근처에 있는 '캡슐 호텔'. 저렴하게 잠시 머물다 갈 수 있는 이곳은 실종자들에게 안식처 같은 곳이다.

# 14. 사라진 청년, 그리고 북한

　　　　　　　매일 저녁 6시 58분, 유람선이 규슈를 향해 부두를 출발한다. 규슈는 일본을 구성하는 4개의 섬 중에서 가장 남쪽에 위치해 있다. 미야모토 츠요시는 남동생이 무작정 유람선을 탔던 바로 그곳을 나와의 약속 장소로 정했다. 유람선 선착장은 도쿄만과 연결된 어느 인공 섬 끝에 위치해 있다. 전철에서 내려 그곳까지 가려면 오랜 세월의 풍파가 느껴지는 풍경을 지나가야 한다. 방치된 차량과 컨테이너, 크레인…. 하늘에는 구름이 낮게 드리워져 있고 상품을 가득 실은 35톤 트럭들이 우리를 지나친다. 바다 너머로 미래적인 느낌의 오다이바 섬에 도쿄 빅 사이트가 과시하듯 우뚝 솟아 있다. 도쿄 빅 사이트는 도쿄 시민들이 여가생활을 즐기는 명소로 자리 잡은 고층 빌딩이다. 갤러리와 콘서트장, 영화관이 모여 있는 복합 문화시설로, 가까이에 해변과 유원지, 대

관람차도 있다.

저 멀리 연기를 내뿜는 거대한 화물선들을 보니 일본 열도가 6,000개 이상의 섬으로 이루어져 있다는 사실이 다시금 떠오른다. 외국인들에게 섬으로 얽혀 있는 일본 열도의 지리는 분명 복잡해 보인다. 외국인들은 일반적으로 일본 본섬인 혼슈를 방문한다. 루마니아 정도의 크기인 혼슈에는 도쿄, 교토, 오사카, 히로시마 같은 유명한 도시들이 모여 있다. 외국인들은 혼슈의 이국적이고 현대적인 풍경에 도취된다.

미야모토 츠요시가 통역사 준에게 약속 시간에 늦을 것 같다고 연락을 해온다. 야간 강좌 회사에서 코디네이터로 근무하는 그는 이제 막 퇴근을 했다고 알려왔다. 스테판과 우리 일행은 차가운 부두 쪽으로 다시 이동했다. 그곳에서는 트럭들이 마지막 승객으로 하얀색 유람선을 타고 있다. 잠시 후 유람선의 불빛이 안개 속으로 사라지고 밤이 바다를 삼킨다. 저 멀리서 츠요시가 우리 쪽으로 달려오고 있다. 넥타이가 바람에 날려 그의 얼굴을 때리듯이 스친다. 츠요시가 부둣가에 앉고는 유람선의 사이렌이 울리자 어두운 수평선 쪽으로 시선을 돌린다. 동생은 여행을 떠난 것이 아니다. 무엇 때문에 떠난 것일까? 츠요시는 백 번 가까이 걸었던 이곳 부두에서 같은 질문을 또 해본다.

동생 미야모토 나오키가 사라진 것은 2002년 5월 3일 오후 3시경이었다. 그 시간에 나오키는 부모님과 저녁을 먹지 않겠다고 소리 지르며 아파트 문을 꽝 닫고 나갔다. 츠요시와 부모님은 그 후 이틀 동안 나오키를 보지 못했지만 특별히 걱정하지는 않았다. 평소 나오키는 밤에 나다니는 것을 좋아하고 모험을 즐겼기 때문이다. 스물네 살의 나오키는 또래의 다른 젊은이들과 조금 달랐다. 이미 파키스탄, 인도, 하와이, 호주, 그 외에도 이국적인 나라를 여러 곳 누비지 않았던가. 하지만 오션 동구페리 주식회사의 전화를 받은 후부터 가족은 불안해지기 시작했다. 전화로 직원이 유람선이 종착지 규슈에 도착해 선실을 청소하다가 나오키의 가방과 2만 4,000엔(약 24만 원)이 든 지갑을 발견했다고 알렸다. 그의 신분증에 부모님이 연락처가 적혀 있어서 연락했다고 한다. 직원은 나오키의 소지품을 어떻게 돌려주면 좋을지 물었다. 어머니가 몸을 떨며 전화를 끊었고 바로 아버지에게 전화했다. 아버지도 놀라서 어쩔 줄 몰라 했다. 나오키는 왜 유람선을 탄 것일까? 그리고 가방은 왜 버렸을까? 단 한 번도 규슈에 다녀오겠다는 말을 한 적이 없었다. 더구나 규슈에는 나오키가 아는 사람이 한 명도 없었다.

형 츠요시와 어머니는 나오키가 버리고 간 소지품을 보관실에서 가져오기 위해 보트를 탔다. 중요한 것들은 가방 안에 다 들어 있었다. 지갑, 열쇠, 따뜻한 옷가지, 카메라, 콘택트렌즈. 또한 이미 뜯은 과자 상자와 마신 흔적이 있는 과일 주스병도 들어 있었다. 유람선 직원들은 나오키가 실종되었던 날을 기억하려고 애썼다. 그날은 날씨가 맑았지만 승객은 거의 없었다. 유람선의 구조상 통로가 외부 테라스식으로 되어 있어서 자살은 거의 불가능했다. 직원들은 나오키가 배에서 뛰어내렸을 리 없다고 못을 박았다. 혹시 나오키가 시코쿠에 잠시 들른 것은 아니었을까? 아니면 짐만 배안에 놓고 도쿄항에 그대로 남은 것은 아니었을까? 직원들은 당혹스러운 표정으로 더 이상은 할 말이 없다고 했다. 경찰은 범죄의 혐의를 찾을 수 없어서 지문 채취는 할 수 없다고 했다. 형편상 사립 탐정의 도움을 받을 수도 없었기에 맏아들 츠요시 혼자 수색 작업을 했다. 츠요시는 버스와 택시 기사들을 상대로 탐문 수사를 벌였지만 실종 당일 건장한 체격의 청년을 기억하는 사람은 한 명도 없었다. 유람선은 차량도 실어날랐다. 혹시 나오키가 낯선 사람들에게 차량 납치를 당한 것은 아닐까?

항구에서 나온 우리는 츠요시의 안내를 받아 다바타 지하철 역 근처에 있는 그의 부모님 아파트로 간다. 아파트는 외부 계단의 불빛으로 빛나고 있었다. 츠요시의 부모님은 우리를 거실로 들어오게 한 후 탁자로 안내한다. 탁자에는 김이 모락모락 나는 밥과 국, 생선, 야채튀김, 젓가락, 뜨거운 차가 차려져 있다. 츠요시의 어머니 하루미는 둥근 얼굴에 무테안경을 끼고 있다. 하루미는 음식이 우리 입맛에 안 맞을까 걱정하며 요리는 전부 테이크아웃 전문점에서 사왔다고 조용하게 설명한다. 츠요시의 아버지 마사에이는 뺨이 홀쭉하게 들어간 게 피곤해 보였다. 마사에이는 우리에게 소파를 양보하며 작은 의자에 앉는다. 매우 야윈 몸과 슬퍼 보이는 입술에서 그가 얼마나 마음고생이 심한지 짐작할 수 있다. 하루미와 마사에이는 우리에게 고맙다는 인사를 한 다음 아파트가 좁아서 미안하다는 말을 계속한다. 지극히 평범한 사람들이 느끼는 어색함이라고 할 수 있다.

벽에 붙은 나오키의 실종자 수배 전단지가 눈에 띈다. 마치 잡지 표지에서 오린 것 같은 스타일의 초상화가 그려져 있다. 서글서

글한 표정에 창백하고 의지가 강해 보이는 얼굴, 한자로 적혀 있는 정보다.

미야모토 나오키
생년월일 : 1977년 11월 9일
신장 : 178센티미터
몸무게 : 66-68킬로그램

"나오키가 권투 연습 후에 찍은 사진입니다. 우리는 이 전단지를 수백 번이고 인쇄하고 나눠주었습니다." 마사에이가 걸걸한 목소리로 말한다. 하루미가 유람선 직원들에게 발견된 아들의 가방을 어느 의자 아래에서 꺼내 안에 들어 있는 물건들을 세세하게 보여준다. 과자 포장지, 나오키가 마신 과일 주스 병, 따뜻한 옷가지, 카메라, 콘택트렌즈…. 부부는 이 말을 여러 번 한다. "당시 나오키는 스물 네 살이었습니다."

츠요시는 사라진 동생과 전에 같이 일했던 동료들을 만나봤다. 나오키는 청소 회사에서 파트타임으로 일했다. 츠요시는 동생이 사라지기 3일 전에 회사를 그만두었고 여느 퇴사 직원들과 마찬가지로 절차를 밟았다는 사실을 알게 되었다. 상사에게 선물을 주었고 짧게 여행을 다녀온다고 했으며 송별파티를 연다고 했다. "나오키는 말한 것을 꼭 지키는 성격이었습니다. 예를 들면, 휴가 여행을 떠날 때는 우리에게 늘 엽서를 보내주었습니다. 여행 이야기를 할 때는 분명히 떠날 계획을 세운 것이죠." 하지만 츠요시에게 한 가지 마음에 걸리는 것이 있었다. 나오키가 동료들에게 형과 함께 일할 계획이라는 이야기를 했다는 것이다. "나오키가 진짜 일을 찾아야 한다는 말은 자주 했지만 우리 회사에 들어오겠다는 말은 한 적이 없었습니다. 나오키가 우리 회사에 일하고 싶었던 것일까요?"

아버지 마사에이는 감정이 북받친 듯 눈물을 보이고 손을 약간 떨며 이야기한다. 불면증 때문에 오랫동안 신경안정제를 복용했다고 한다. 마사에이는 아들이 돌아올 때까지 건강해야 한다며 고군분투한 지가 벌써 8년이다. "2001년 6월에 여기로 이사 왔습니다. 당시 우리가 모두 바빠서 나오키가 이 아파트를 찾아주었습니다. 나오키는 자기 방을 취향대로 꾸몄습니다. 그 아이가 가출할 이유는 전혀 없습니다…." 마사에이는 불안한 표정으로 덧붙여 말한다. "호기심이 많은 아이였습니다. 혹시 뭔가 해달라는 부탁을 받은 것은 아닐까요? 무슨 일에 연루된 것은 아닐까요?"

어머니 하루미도 나오키 칭찬을 한다. "훌륭한 아들이었습니다." 하루미는 아들 방을 그대로 보존해둔 채 깔끔한 것을 좋아하는 아들의 취향을 존중해 정기적으로 방 안의 먼지를 턴다고 한다. 문이 열리자 나오키의 하얀색 방이 나온다. 금속제 선반, 종이와 잡동사니가 가득한 책상, 작은 옷장으로 장식되어 있다. 하루미가 나오키의 옷 몇 벌을 펼친다. "정말로 키가 훤칠하고 얼굴도 잘 생겼답니다."

미야모토 가족은 총리와 시장에게 편지를 보내 실종 문제에 좀 더 적극적으로 나서달라고 호소했다. 경찰서에도 청원서를 보내 실종자 포스터와 전단지를 배포하며 최소한의 행동이라도 해달라고 요청했다. 여러 텔레비전 프로그램에 출연하기도 했다. "우리가 할 수 있는 일은 이것이 전부입니다." 츠요시는 동생이 증발했다고 공개적으로 알리기까지 4년이 걸렸다. 자신의 결혼식날 공개적으로 고백하면서 순간 식장을 어색한 침묵 속에 휩싸이게 했다. 철도회사에 다니던 아버지는 자신이 텔레비전에 출연해서 막내아들이 실종되었다는 사실을 털어놓기 전에 상사들에게 어떻게 이야기해야 할지 고심했다. 친구들에게 속을 터놓고 이야기한 것은 어머니 하루미뿐이었다. "실종자 가족들은 대부분 몰래 수색 작업을 합니다. 이목이 좋지 않거든요. 하지만 저는 이 걸림돌을 극복했습니다."

거실로 돌아온 아버지 마사에이가 선반에서 직사각형의 작은 회색 라디오를 꺼낸다. "우리 가족은 장파로 송신되는 라디오에 전달할 메시지를 녹음하고 있습니다. 일본인 500명에서 2,000명 정도가 북한에 납치되었습니다. 나오키도 납북되었을 가능성이 있습니다. 전에 우리 가족이 살았던 신주쿠 북쪽에 큰 한인타운이 있었습니다. 나오키가 좋지 않은 사람들과 어울렸을 수도 있죠." 마사에이는 지푸라기라도 잡는 심정으로 희박한 가능성에 희망을 거는 것처럼 보인다. 가족이 실종된 사람들은 머릿속으로 이런저런 상상을 하기 마련이다. 자식을 잃은 부모의 고통은 어떻겠는가? 라디오에 메시지라도 남기면서 위안을 받는 것이 나을까? 납득할 수 있는 이유를 찾을 때까지 끝까지 포기하지 않는 것이 나을까? 이 날 저녁, 불빛이 환한 밤, 수수께끼처럼 사라진 나오키의 이야기로 스테판은 한때 증발을 꿈꾸었던 과거를 떠올린다.

그로부터 며칠 뒤, 우리는 미야모토 가족을 다시 만난다. 정장 차림의 가족은 어느 회의장 앞줄에 앉아 있다. 이 날 하루미는 월차를 냈다. 나오키 앞으로 부과되는 세금을 내기 위해 예순 여덟의 나이에도 계속 일하고 있다. 미야모토 가족은 집중하며 무대를 바라보는데 깊은 인상을 받은 듯한 표정에 단정하게 차려 입은 모습이 마치 군 관련 행사를 관람하는 것처럼 보일 정도다. 주변에는 검은색 휘장에 하얀색 깃발 세 개가 걸려 있다. 깃발 하나는 가로로 걸려 있고 나머지 두 개는 세로로 걸려 있는데 '가족을 집으로 보내주세요'라는 메시지가 적혀 있다. 참석자가 순서대로 단상에 올라 납북된 가족 이야기를 몇 시간 동안 들려준다. 납북자 가족들은 일본 정부를 압박하기 위해 이 자리에 모여 있다. 미야모토 가족도 매년 이 행사에 참석하고 있다.

벽돌로 된 회의장에는 몇몇 비영리 단체들의 부스가 모여서 전단지와 커피를 나눠준다. 어느 협회의 여자 회원이 내게 네 번 접은 포스터를 내민다. 여러 실종자들의 얼굴이 담긴 포스터다. 실종자 사진 중에는 미야모토 씨네 막내아들 나오키의 사진도 있다. 미야모토 가족의 집 거실에 붙어 있던, 권투시합장에서 찍은 나오키의 사진이다. 깡마른 남자가 방문객들에게 호소한다. "납북자 가족을 도와주십시오." 이 남자 역시 실종된 아들을 찾고 있다.

지금까지 일본 정부가 1970년대와 1980년대에 김정일의 지시로 납북되었다고 공식 인정한 일본인의 수는 17명이다. 실종자 가족들이 주장하는 수천 명에 비하면 턱없이 적은 숫자다. 2002년 북한은 아무런 설명 없이 일본인 다섯 명을 일본에 돌려보냈다. 그러나 일본과 북한의 관계는 여전히 얼어붙어 있다. 미야모토 가족이 마치 의무를 다해 마음이 편한 것 같은 미소를 지으며 나를 회의장으로 들어오라고 한다.

이어서 마사에이는 3개월마다 늘 그래왔듯이 나오키가 주민등록증을 갱신하러 오지 않았나 확인하러 시청에 갈 것이다. 미야모토 가족은 법원의 승인을 얻어 나오키 이름으로 된 특별계좌를 만들어 매년 마사에이의 연금 일부를 입금한다. 마사에이가 한숨을 쉬며 말한다. "세월은 흐르고 우리 부부는 점점 늙어가고 있습니다. 나오키 문제를 해결해야 합니다. 앞으로 우리보다 더 오랜 세월 이 일을 안고 살아야 할 큰아들은 더 힘들죠." 나오키의 어머니도 거든다. "나오키 소식만이라도 들었으면 좋겠습니다. 나오키가 원치 않으면 집으로 돌아오지 않아도 상관없어요. 나오키가 필요하다면 돈도 보내줄 겁니다."

도쿄만의 이곳 부두에서 미야모토 츠요시의 동생 나오키는 유람선을 타고 사라져 여태 돌아오지 않고 있다. 그가 사라진 때는 2002년 5월 3일. 당시 스물네 살이었다.

유람선 회사 직원들은 미야모토 나오키의 짐을 발견했다. 가방 안에는 중요한 것들이 모두 들어 있었다. 지갑, 열쇠, 따뜻한 옷가지, 카메라, 콘택트렌즈, 이미 손댄 흔적이 있는 과자와 주스. 그의 부모는 실종자 수배 전단지를 인쇄하고 여기저기 붙였지만 소용없었다.

宮本 直樹
S 52・11・9 (29)
東京都荒川区西尾久1-20-10
ローヤルシティ1104
    03-3819-8664 (自宅)
    090-8039-6937 } 兄 剛決
    090-5800-0016
    090-2257-9065 (本人)
身長 178cm 体重 65~ 足 27.5

特徴  鼻の下から口にかけ
        キズあり

           竹内賢

아들이 실종된 후 아버지 마사에이는 오랫동안 불면증에 시달리며 신경안정제를 먹었다. 그는 정기적으로 장파로 송신되는 라디오로 북한에 메시지를 보내고 있다.

일본 정부는 1970년대부터 1980년대까지 납북된 일본인의 수가 열일곱 명이라고 발표했다. 하지만 실종자 가족들은 말도 안 되는 숫자라면서 실제 납북자 수는 수천 명에 달한다고 주장하고 있다. 실종자 가족들은 매년 컨벤션센터에 모여 정부에 사태 해결을 촉구하고 있다.

# ___ 15. 도요타 시, 떠나거나 병들거나 미치거나

억수같이 쏟아지는 빗속에서 자동차가 도로를 쌩쌩 달린다. 준은 운전에 집중하며 도요타 시로 향한다. 일본의 국가적 자부심이자 전 세계를 깜짝 놀라게 한 일본식 경영 모델의 요람인 도요타 시. 일본의 보석과도 같은 도요타 시는 2008년부터 침체기를 맞는다. 주민들은 영광스러웠던 이 도시를 떠나고 있다고 한다. 위기를 피해 새롭게 증발하는 사람들이다.

준은 도요타 시에 아는 사람이 거의 없었다. "도요타 사람들은 경계심이 높다고 합니다." 준이 변명을 한다. 준의 믿을 만한 인맥은 도요타 시에서는 보기 드물게 반항적이고 용감한 성격을 지닌 사람이다. 우리 쪽 전화를 받은 그가 8층짜리 아파트에서 나와서 주차장으로 걸어온다. 환한 미소와 희끗희끗한 머리를 흠잡을 데 없이 완벽하게 빗어 넘긴 모습이 인상적이었다. 와카츠키 다다오

는 평생을 도요타에 바쳤다. 이날 아침, 퇴직한 첫날을 맞은 그는
완전히 새로운 자유를 맛본다. 회사를 벗어나 새로운 삶이 시작되
었다고 그는 특별히 기뻐하는 내색 없이 담담하게 말한다.

그의 차는 당연히 도요타다. 차창 밖으로 인적이 드문 단조로운
거리가 지나쳐간다. 일렬로 정리된 자동차 부품 상자들, 여기저기
서 눈에 띄는 새 자동차들, 그리고 어디서나 보이는 '도요타'. 도요
타 학교, 도요타 주차장, 도요타 우체국, 도요타 병원으로 가는 길.
회사, 도시, 편의시설 이름 그 자체인 도요타는 빈틈없는 계획으로
움직이는 세상이다. "대중교통은 일부러 불편하게 되어 있습니다.
여기서는 차가 없으면 지옥이죠." 다다오가 덧붙여 말한다.

그가 전에 일했던 공장은 울창한 소나무로 둘러싸인 거대한 요
새 같은 곳으로, 높이 솟은 지대 위에서 아래를 굽어보고 있다. 다
다오는 자동차 프레싱 공장에서 45년간 일했다. 평생 해왔던 일이
다. 다다오는 공장 입구 쪽으로 걸어가 카메라와 경비원들에게 다
가가서는 왼쪽, 오른쪽을 바라보며 우리밖에 없다는 것을 확인시
켜준다. 그리고 갑자기 빠르게 1/4회전을 90도 각도로 정확히 한
다. "공장 안으로 들어가는 방법입니다. 도요타 코드 중 하나죠."

누구나 지켜야 하는 도요타 코드는 회사 직원들 모두의 일상을
지배하는데, 하지 말라는 금지 조항도 많다. 예를 들어서 손은 주
머니 속에 넣으면 안 되고 집과 직장 사이를 차로 이동할 때도 개
선할 점은 무엇인지 보고서를 작성해야 하고(휴가 때도 마찬가지), 휴
대폰은 낮이고 밤이고 켜놔야 하고 화장실에 갈 때는 상사의 허락
을 받아야 하고 손을 씻을 때도 차례를 기다려야 하며 집에서도 회

사의 생산성을 높일 방법이 무엇인지 생각해야 한다. "결혼식날, 회사에서 허락하지 않아 동료들이 결혼식에 참석하지 못했습니다." 지금은 퇴직한 그가 생각에 잠긴 듯 수염 없는 턱을 쓰다듬으며 예전 일을 떠올린다. 도요타에 처음 입사했을 당시 다다오는 스무 살이었다. 경험은 많지 않았으나 꿈은 컸다. 일본 북쪽의 시골에서 평범한 집 아들로 자란 그는 도요타에서 빨리 돈을 벌 수 있을 것이라 기대했다. 그때까지만 해도 정규직과 높은 연봉이 보장된다는 말에 기대가 컸다.

전후 일본에서 도요타는 미국의 경쟁사들을 최대한 빨리 따라잡는 것을 목표로 삼았다. 창업자의 아들 도요다 기치로는 엔지니어들과 함께 헨리 포드의 책을 읽은 후 새로운 경영 모델을 구상했고 그렇게 만들어진 모델을 가리켜 '도요티즘'이라고 불렀다. 창업 당시 원래 이름은 도요다였지만 행운의 숫자인 8이 획수가 되는 가타카나를 채택하면서 도요타가 되었다. 도요다 기치로와 엔지니어는 대량생산을 기본으로 하는 미국의 헨리 포드 경영 방식을 극단적으로 끌어올려 인건비를 줄이는 경영 방식을 도입했다. 도요다 기치로는 수요에 맞춰 회사를 운영하려 했다. 이를 위해서는 최소한의 인력으로 주문 생산하여 재고를 없애야 한다. 이 같은 방식을 '린 생산방식'이라고 한다. 린 생산방식의 강점은 직원들의 능력을 극대화시켜 생산성을 끝없이 높이는 것이다.

이러한 방식을 제대로 적용하려면 특별한 장소가 필요했다. 1959년에 일본 정부는 소도시 코로모 시의 이름을 도요타 시로 바꿨다. 그로부터 6년 뒤, 도요타 시에 도착한 다다오는 실망했다.

무늬만 도시지 주변은 온통 밭이고 가운데에는 25년 된 낡은 공장만 하나 덩그러니 있는 것이 '커다란 시골 마을'과 다르지 않았기 때문이다. "주변이 조용해서 목가적으로 느껴질 정도였습니다. 들리는 것이라고는 개구리 울음소리뿐이었죠."

그로부터 20여 년 후 이상적인 '자동차 도시' 도요타 시는 빠른 속도로 발전하고 있었다. 전 세계의 정재계 지도자들이 도요타의 경영 모델을 배우기 위해 놀라울 정도로 고도화된 공장을 견학했다. 당시 사람들은 '도요티즘'을 마치 종교처럼 신봉했다. 일본이 그랬듯이 도요타도 전 세계의 이목을 사로잡았다. 이러한 기세를 몰아 도요타는 모방과 동경의 대상이 되었고, 2008년 드디어 미국의 제너럴모터스를 제치고 세계 제일의 자동차 브랜드가 되었다. 도요타 시에서만 수출용 자동차 900만 대 중 절반이 생산되었다. 도요타가 눈부신 성장을 하는 동안 다다오는 혼자서 '혁명'을 추진했다. 2006년, 도요타 시에 속하지 않는 유일한 독립 노조 '전도요타노동조합연합회'를 세웠다. 도요타의 공식 노조는 경영진과 긴밀히 협조하는 관계였다.

4년 동안 전도요타노동조합연합회에 가입한 직원 수가 10명 정도다. 도요타 시의 총 주민 42만 명 중 10명. 보기에는 얼마 안 되는 숫자지만 이 정도도 대단한 승리라고 할 수 있다. 마치 보초를 서는 것처럼 공장 앞에 선 다다오는 보행로를 가리킨다. "전단지는 여기까지만 돌릴 수 있습니다." 1미터 앞에 지하통로로 연결되는 계단이 있다. "저기서부터는 노조 전단지를 돌릴 수 없습니다. 도요타의 소유거든요. 저기서 전단지를 돌리면 확성기에서 도요타

직원들에게 전단지를 받지 말라는 지시가 큰소리로 울려 퍼집니다. 도요타 측에서 사람들을 보내 우리를 쫓아내기도 합니다."

스테판이 공장 앞에 있는 다다오의 사진을 찍는다. 그때 경비원이 나타난다. 경비원은 팔로 X자를 표시하며 당장 사진 촬영을 중단하라는 사인을 보낸다. 같은 동작을 반복하는 것을 보니 메시지는 분명하다. 도요타 시는 도요타의 명예를 해칠 수 있는 플래카드와 사진이 전부 필요 없다는 입장이다. 도요타의 촉수는 모든 것을 통제한다. 심지어 일부 가게들은 공장이 영업하는 시간에 맞춰 문을 열어야 한다. 우리는 다시 도요타 쪽으로 간다. 다다오가 사소해서 지나치기 쉬운 무엇인가를 짚어준다. 주변이 모두 질서정연해 보여서 미처 우리가 보지 못한 부분이다. 셔터가 내려진 가게들. 다다오가 이미 예견했던 일이고 그의 예상은 정확했다. 살아남았지만 거대 기업 도요타가 흔들리고 있다는 것. 2년 8개월 걸리던 자동차 디자인 기간을 1년으로 단축하면 당연히 부작용이 나타난다. "물량 목표는 맞추었지만 제품의 품질과 직원들의 건강을 희생해야 했습니다." 2008년 경제 위기에 이어 2010년 수백만 대에 달하는 대규모 리콜 사태로 도요타의 판매 실적은 급감했다. 그리고 그 여파로 수백 명이 정리해고를 당했다. 유례없는 일이었다.

제일 먼저 타격을 입은 것은 인턴들과 한국인, 브라질인, 페루인 같은 외국인 노동자였다. 이들은 어쩔 수 없이 도요타 시의 일자리지원센터 중 한 곳인 '헬로워크Hello Work'로 향했다. 따뜻한 핑크색과 하얀색의 공간에 일자리를 구하려는 사람들로 바글거리는 곳을 상상하면 된다. 구직자마다 칸막이로 막힌 작은 공간에서 컴

퓨터 화면 속 구인목록을 유심히 살펴본다. 하지만 도요타만 한 곳
은 없다. 일부 직원들은 회사가 제공하는 숙소에서 생활했기 때문
에 정리해고를 당하면서 집까지 함께 잃었다. 노숙하고 무료 급식
소에서 식사를 해결하는 처지로 전락한
다. 그렇게 그들은 떠났고 사라졌다.

담배꽁초가 널려 있는 계단에서 일
본계 외국인 남자 두 명이 스페인어로
이야기를 나누고 있다. 이중 야구모자

> "물량 목표는 맞추었지만 제품
> 의 품질과 직원들의 건강을 희
> 생해야 했습니다."

를 쓴 젊은 남자가 기꺼이 자신의 이야기를 털어놓겠다고 한다. 더
이상 잃을 것도 없는 사람이다. 1964년 페루에서 태어난 프레디는
가난을 피해 남미로 이민 온 일본 조부모를 두고 있다. 일본계 3세
인 프레디는 독재로 얼룩진 페루 대신 '세계 제2의 경제대국' 일본
으로 눈을 돌렸다. 조부모의 고향 일본은 한창 경제성장기를 맞아
많은 노동력을 필요로 하고 있었다. 그래서 1990년과 1992년 사
이에 일본계 브라질인 13만 명과 일본계 페루인 수만 명이 일본으
로 이주해왔다. 1991년 1월 14일, 당시 프레디는 도요타 시가 어
디에 있는지도 몰랐다. 하지만 비행기에서 내리자마자 웬 남자들
이 재킷에 색깔 리본을 달아주었고 열차로 '자동차의 메카' 도요타
시까지 안내해주었다.

그다음 날, 프레디는 기숙사 앞에 모여 있는 사람들 틈에 섞여
있었다. 거기서 작업복, 안전화, 마스크를 받고 공장으로 이동했다.
페루에서 정비기사였던 프레디는 몇 시간 만에 도요타 시의 용접
공이 되어 다른 외국인 노동자들과 마찬가지로 더럽고, 힘들고, 위

험한 일에 투입되었다. 주변에서 들리는 말은 하나도 못 알아들었지만, 여기가 리마의 진흙투성이 시골보다는 낫다는 생각에는 변함이 없었다. 리마에서라면 프레디는 뙤약볕 아래서 하루 종일 일해도 절대로 '자가용 한 대'도 살 수 없었을 것이다. 꿈에도 불가능한 일이었다.

프레디는 자신의 말을 진지하게 들어주는 사람을 만나게 되어 무척 기쁜지 우리를 여러 곳으로 안내하고 싶어 한다. 딸아이가 텔레비전을 보고 있는 자신의 소박한 아파트에서부터 도요타박물관, 달걀흰자로 만든 칵테일 '피스코 사워pisco sour'가 나오는 페루식 레스토랑까지 안내한다. 프레디가 무덤덤하게 이야기를 시작한다. "여기서는 적은 인력으로 최대한 빠르게 좋은 제품을 만들어야 합니다. 버티지 못하는 노동자들은 떠나거나 미쳐버리거나 병들거나 자살을 합니다. 부당하다고 할 수 있지만 어디든 마찬가지 아닐까요?" 경제 위기에 접어들자 일본 정부는 일본계 남미 노동자들에게 지원금을 주며 본국으로 돌아가도록 하고 있다. 하지만 프레디는 페루로 돌아가고 싶지 않다. 상황이 나아질 때까지 기다릴 참이다. "언젠가 경기가 다시 풀리지 않을까요?"

도쿄의 어느 기자가 전화해준 덕분에 도요타의 젊은 엔지니어와 만날 수 있었다. 그 엔지니어는 일부 직원들의 사라져버린 숙소를 안내해주기로 되어 있다. 분수 근처에 있는 어느 광장에서 만날 약속을 잡는다. 호리호리하고 훤칠한 키에 양복을 단정히 입은 스물다섯의 엔지니어가 우리와 악수를 한다. 그리고 걸음을 재촉하며 어느 중식당으로 들어가 구석진 자리에 앉는다. 도요타 본사의 글래스타워에서 근무하는 그는 서양인들과 같이 있는 모습을 보이고 싶어 하지 않는다. "졸업하고 나서 도요타의 명성에 끌렸습니다. 이력서에 경력을 적을 때 도요타만한 곳은 많지 않으니까요." 그는 몇 달간 도요타 연수를 받으면서 도요타의 규칙과 가치, 굳은 신념을 배웠다. "그야말로 세뇌 작업입니다."

그는 길고 낮은 회색 숙소에서 머문다. 캄캄한 밤이 되자 그는 침착한 표정으로 차를 몰며 경비원을 지나 외부 계단을 오르더니 떨리는 손으로 문을 연다. 위에는 작은 등이 달려 있다. 방 안에 들어오자 그가 한숨 돌린다. "도요타는 우리 직원들에게 숙소를 마련해주고 교육을 시켜주며 어떻게 행동해야 하는지 알려줍니다. 마치 어린아이 다루듯이 말이죠." 벽에 아무것도 걸려 있지 않은 비좁은 방에는 침대, 어질러진 책상, 회사 도요타에 관한 바이블과도 같은 책《도요타의 기적》,《도요타 경영》,《도요타 시스템》 등이 일렬로 꽂혀 있는 책꽂이, 미니 냉장고, 싱크대, 양복저고리가 있다. "도요타는 직원들에게 필요한 최소한의 것만 제공합니다. 회사는 사람보다는 기계를 더 귀하게 여기는 것 같습니다."

하루 월차를 내면 그는 곧바로 회사의 지배에서 벗어나 도쿄의 콘서트장과 레스토랑으로 피신해 마음껏 활기를 누린다. 매력 없는 도요타 시에서는 상상도 할 수 없는 소소한 행복이다. 미래가 창창한 직원이지만 경제성장기가 돌아오면 바로 사표를 낼 생각

> "여기서는 적은 인력으로 최대한 빠르게 좋은 제품을 만들어야 합니다. 버티지 못하는 노동자들은 떠나거나 미쳐버리거나 병들거나 자살을 합니다."

이다. 그렇다. 다른 많은 직원들도 달아났다. 가족에게 한 마디 상의도 없이. 그도 그렇게 듣기만 했을 뿐 더 이상 자세히는 모른다.

회전 초밥집의 컨베이어 벨트 위로 생선회가 담긴 작은 접시들이 마치 조립 라인 위의 부품들처럼 퍼레이드를 벌인다. 도요타에서 은퇴한 반항적인 성격의 와카츠키 다다오는 오징어와 생선회가 담긴 접시들을 선택해 탁자에 놓는다. 노조의 그 어느 조합원도 용기를 내 발언하지 않지만 그는 더 이상 무서울 것이 없다. "도요타는 일을 고통스럽게 만들었습니다. 도요타의 잘못된 경영철학을 고발하는 것이 제가 살아가는 원동력이 되었습니다. 압력은 많지만 굴복하지 않았습니다." 그는 공장의 조립 라인이 내는 지옥 같은 소리에 미쳐버린 불쌍한 사람들을 위해 싸우고 있다. 과로로 죽어가는 사람들, 피로와 절망감으로 죽어가는 사람들을 위해서.

그는 '도요티즘'이 일본은 물론, 프랑스에서도 노동자들을 죽이고 있다고 주장한다. 그리고 본사와 지사 모두, '좋은 직원은 사장에게 충성해야 한다'고 세뇌시켜놓고 필요 없으면 다 쓴 휴지처럼 버릴 것이라고 말한다. "도요타를 본받으려는 사람들은 뭔가 잘못 생각하는 겁니다." 그는 당당히 할 말을 다 한다. 어느 직원이 도요타 공장 앞에서 그가 나눠주는 전단지를 받았다.

페루 출신의 프레디 씨는 도요타의 비정규
직 직원으로 일하다가 2008년에 해고되
었으나 희망의 끈을 놓지 못하고 있다. "언
젠가 경기가 다시 풀리지 않을까요?"

낡은 냄비, 종이, 천 조각, 병, 사람들이 던져서 깨진 물건들을 집에 쌓아놓는다. 모아서 분리수거를 한다. 물건마다 나름의 이야기를 만들어준다. 나와 마찬가지로 물건들도 여전히 살아 있다. 이 배지는 여러 나라를 다녔겠지.

예전에는 물건을 파는 일을 했다. 영업사원, 근로계약서에 적힌 나의 타이틀이었다. 향수, 헤어드라이어, 샤워기처럼 판매 의뢰받은 물건들을 여러 업소에 판매했다. 그래, 꽤 능력 있는 영업사원이고 판매 실적도 좋아서 '팀장'으로 승진했다. 부하 직원은 세 명이었지만 상사들에게 올릴 보고서는 내가 작성해야 했다. 자정, 새벽 1시까지. 일이 너무 많을 때는 사무실에서 잠을 잔 적도 있다. 어느 날, 고위직 상사에게 일이 너무 고되다고 말했다. 내가 게으른 사람은 아니지만 쓰러지기 일보 직전으로 지쳐 있었다. 상사는 날 이해해주는 것 같았다. 그런데 심한 폐렴으로 입원했다가 퇴원 후 직장에 복귀하니 나와 친했던 동료가 내 자리에 앉아 있고 내 짐은 상자 속에 정리되어 있었다. 상자를 던져버리고 여기저기 거리를 쏘다녔다. 파친코에서 돈을 날리고 섹스숍에 가보기도 했다. 서커스 같은 방황이 몇 달 동안 계속됐다. 몇 달간 관광객처럼 도시를 헤맨다. 경기가 안 좋다는 이유로 나처럼 어느 날 해고당한 사람을 알아보는 눈이 생긴 것 같다. 집에서는 여전히 영업사원으로 일하는 것처럼 양복을 입고 서류가방을 든 채 출근하는 척을 한다. 아내는 아직 아무것도 모른다.

사라질 준비를 해야 할 텐데, 아내와 아들에게 남길 쪽지를 써야 하는데, 필요한 것만 챙기고 나머지는 버려야 하는데 구체적인 계획을 하나도 세우지 못했다. 어느 날 아침, 옷을 입고 작은 트렁크를 끌고는 아내와 아들에게 다녀오겠다며 손을 흔든다. 아내와 아들을 보는 것이 오늘이 마지막일지도 모르겠다. 입이 저절로 말을 하고 다리가 혼자서 걷는다. 은행에서 인출할 수 있는 돈은 전부 인출한다. 기차로 여기저기를 여행한다. 자유다. 호텔에 묵을 때는 주로 가명을 사용하지만 가끔 본명을 쓰기도 한다. 사람들이 날 찾을 것 같지는 않다. 어느 날 아침, 술에 덜 깬 채 해변가에서 일어났고 문득 집에 가고 싶다는 생각이 든다. 항구까지 갔지만 마지막 순간에 발길을 돌린다. 할 수 없다. 너무 늦었다. 이미 나쁜 짓을 했으니 돌이킬 수 없다.

도쿄에 도착해서 산야에 둥지를 튼다. 자전거 배달부, 청소부, 이삿짐센터 일꾼, 캐셔, 웨이터, 불법 전기수리공… 다양한 직업을

전전한다. 매우 험한 일을 해야 하는 경우도 있지만 산야를 떠나지
는 않았다. 악취는 익숙해진다. 처음 내 방에 들어왔을 때는 넥타
이를 코와 입에 대고 숨을 쉬었다. 그대로 밤새 있었다. 잠이 잘 오
지 않는다. 집을 나왔을 때부터 그랬다. 집 떠난 지 30년은 되었을
것이다. 그동안이 모두 악몽이었다.

도쿄에는 나 같은 사람이 많다. 빈병과 폐지를 줍는 사람들. 그
중 놀라운 사람을 한 명 알고 있다. 그는 공원에 움막을 지어 놓고
잠을 잔다. 경비원이라고 생각했는데 우연히 그가 신문을 파는 모
습을 보게 되었다. 그의 이름은 가라, '자신만을 생각하는 사람'이
라는 뜻이다. 그런데 이름과 달리 그는 사람을 좋아한다. 술집에서
만난 사람들에게 별명을 지어주고 이들
에게 술도 한턱 쏜다. 멋진 배지를 발견
하면 잘 보관했다가 내게 주기도 했다.
아마 그는 이제 이 세상 사람이 아닐 것
이다. 그리고 아사타로도 떠오른다. 그
는 공사장에서 일을 했는데 자신의 과
거에 대해서는 한 마디도 말하지 않는다. 내가 그에 대해 아는 것
이라고는 털이 긴 강아지를 키우고 있었다는 것뿐이다. 나도 개를
키웠으면 좋았을 뻔했다. 지금 아사타로는 다리 한 쪽을 전다. 사
고가 난 듯하다. 나는 인생이 산산조각난 사람들을 많이 봐왔다.
인생이 망가진 사람들끼리는 서로를 알아본다. 그 누구도 우리에
게 신분증을 보여달라고 하지 않는다. 우리가 살아가는 세상에서
지켜지는 합리적인 규칙이다.

> 잠이 잘 오지 않는다. 집을 나
> 왔을 때부터 그랬다. 집 떠난
> 지 30년은 되었을 것이다. 그
> 동안이 모두 악몽이었다.

사람들이 한 줄로 도착한다. 최신 카메라를 걸고 자외선 차단 모자와 워킹슈즈 차림의 부유한 사람들이 깎아지른 듯한 절벽 근처의 미끄러운 길을 걷는다. 여기에 서서 물거품이 스치는 뾰족한 산마루를 관찰하고 시원한 바람을 맞으며 몸을 약간 굽혀 절벽 아래 허공을 바라본다. 커다란 안경을 낀 남자가 망원경을 꺼내 수평선을 자세히 바라본다. 꽤 오래 바라본다.

"뭐가 보이시나요?"

"아무것도요. 아, 있긴 있군요. 저 멀리 갈매기. 그리고 아래 바위에서 아이 두 명이 물속에 손을 담그고 있습니다." 여행객 차림의 일본 남자가 영어로 더듬거리며 대답한다. 남자는 당황한 모습이다. 도쿄에서 남서쪽으로 400킬로미터나 떨어진 이곳까지 버스를 타고 왔는데 자신이 상상한 것과 완전히 딴판이기 때문이다. 바위

위에서 발견된 처참한 시체. 이미 경찰들이 현장에 출동했다. 비명 소리가 났을 수도 있다. 실족사. 망원경을 통해 바라본 끔찍한 현장. 마치 공포영화에서나 경험할 듯한 공포. 실제로 도진보 절벽은 일본에서 자살이 가장 빈번히 일어나는 곳으로 악명이 높지만 자살 방지 장치는 전혀 보이지 않았다.

이 일본인 관광객처럼 매년 90만 명의 일본인들이 '아드레날린이 솟구치는 기분'을 경험할 수 있다는 기대를 품고 도진보 절벽으로 모여든다. 얻는 것 없이 빈손으로 돌아간다고 해도 도진보를 봤다는 것만으로도 남자는 만족하는 것 같다. 마치 '루브르 미술관'에 왔다는 것만으로 기뻐하는 사람들처럼.

가랑비가 내리고 우산을 뒤집어놓을 정도로 강한 바람이 분다. 관광객들은 다시 가이드 일행에 합류한다. 가이드는 어포, 엽서, 각종 기념품 가게들이 죽 늘어선 길로 들어선다. 젊은 여성 두 명이 예쁜 종이 상자에 담긴 녹차 쿠키를 산다. 두 여성은 놀라울 정도로 아름다운 이곳의 풍경을 보기 위해서, 그리고 텔레비전에서 기자들이 이 절벽에 대해 이야기를 하는 걸 보고 한번 와봤다고 한다. 두 여성 뒤로 계산대에 줄을 서 있는 사람들이 보이는데 그중 외아들을 둔 가족이 보인다. 아들은 게임기에 몰두하고 있고 부부는 절벽의 '음산한 분위기'를 즐겼다고 말한다.

마지막 버스가 시동을 건다. 가게들은 문을 닫는다. 젖은 도로

> 실제로 도진보 절벽은 일본에서 자살이 가장 빈번히 일어나는 곳으로 악명이 높지만 자살 방지 장치는 전혀 보이지 않았다.

위에는 솔잎들이 엉겨 붙어 있다. 저 멀리서 담배가 타는 빨간 불빛이 작게 빛난다. 선원 모자에 바람막이 재킷 차림으로 망원경을 보고 있는 사람의 모습이 보인다. 목에 걸고 있는 끈에는 작은 하얀색 사각형 메달이 달려 있다. 뭐라고 적혀 있는지 읽어보려면 그 남자 곁으로 가야 한다. '도진보의 수호천사'가 등장하는 순간이다.

신게 유키오는 입에 담배를 물고 이 바위, 저 바위를 걸어다니는 것이 일상이다. 은퇴한 경찰관인 그는 절망한 사람들이 바닷속으로 몸을 던지지 않도록 설득하는 일을 하고 있다. 그는 이 일에 자신의 시간과 에너지를 전부 쏟고 있다. 그는 우리에게 도요타 시에서 두 시간 거리에 있는 깎아지른 절벽을 보여주겠다고 했다. 높은 절벽은 온천이나 빽빽한 숲처럼 증발자들을 자석처럼 끌어당기는 곳이다. 그는 언제부터 자연이 이런 음산한 매력을 발산하는 곳이 되었는지 잘 모르겠다고 한다. 그러나 다카미 준高見順, 다카하마 교시高浜虚子, 야마사키 도요코山崎豊子 같은 작가들이 이런 곳에서의 자살을 미화한 것만은 분명하다.

신게 씨는 짙은 색 옷을 입고 가방과 카메라를 갖고 있지 않은 사람을 보면 '절망에 빠진 사람이구나' 하고 알아본다고 한다. "그 사람에게 조심스럽게 다가가 '괜찮으십니까?'라고 소곤거리듯 묻습니다. 그러면 사람들은 얼굴이 빨개지거나 울음을 터뜨립니다. 이 사람들이 기다리는 것은 오직 말 한 마디, 따뜻한 손길일 때가 많습니다." 전직 경찰관이 아까 왔던 길로 돌아가 버스 주차장 입구에서 가게 한 곳을 가리킨다. "제가 초대하려는 곳이 여기입니다." 겉으로 보면 그냥 평범한 가게다. 그런데 가게 안은 사람들로 북적거린다. 뜨거운 난로, 차의 향기, 방수포 더미, 부츠 더미, 서류 더미, 소곤거리는 말, 울음소리, 속내 이야기, 위로, 왔다 갔다 하는 자원봉사자들, 전직 경찰관들, 스님들, 심리학 전공 대학생들, 이곳을 구명 기구처럼 여기고 매달리는 생존자들.

"저희 단체는 7년 만에 자살하려는 사람 248명을 구했습니다." 신게 씨가 의자를 내주며 말한다. 키 작고 마른 남자가 팔에 붕대를 감은 채 따뜻한 차, 이 가게의 특별 디저트인 고추냉이 떡을 내온다. 시게 씨가 그에게 탁자 쪽으로 와보라고 한다. "하루키 씨는 당시 절벽에서 혼자 머뭇거리며 걷고 있었습니다. 그래서 제가 다가갔죠." 남자가 맞다는 듯이 고개를 끄덕인다. "그렇게 친절하게 누군가가 제게 말을 걸어준 게 정말 오랜만이었습니다. 평생 제 꿈은 오직 하나, 돈을 버는 것뿐이었습니다. 결혼해서 아이가 하나 있었지만 이기심 때문에 가족을 버렸습니다."

도쿄에서 택시기사로 일하던 그는 65세에 사고로 팔이 마비되었다. 갑자기 직업을 잃었으나 아무런 도움도 받지 못했다. 그는 목을 매려고 했으나 밧줄이 헐거워 실패하자 도진보를 떠올렸다. 이곳에서라면 더 쉽게 세상에서 사라져버릴 수 있을 것이라 생각했다. "결국 다른 사람을 돕는 것이 어떤 의미인지 이해하게 됐습니다. 지금은 절벽을 누비고 떡을 준비합니다…" 이제는 자원봉사자가 되어 살고 있는 그가 말한다. 그는 시게 씨와 똑같이 체크무늬 셔츠를 입고 있다.

시게 씨가 다시 담배에 불을 붙이고는 책꽂이에서 서류 뭉치를 꺼낸다. "자살 사건을 전부 여기에 기록해놓고 있습니다. 사회 문제인 자살에 대한 공식적인 진술과 토론 자료를 모으고 있습니다."
과거에 국가 공무원인 경찰관으로 일했던 그가 자신의 의견을 말
했다. 그에 따르면, 자살과 증발 모두 사회적인 절망의 표현으로
그 원인은 똑같다. 실적, 자기반성, 자기희생을 강요받으면서도 끝
없는 경제 위기로 인해 빈곤해지다 보니 일본 사람들이 불행하다
는 것이다. 그는 힘을 휘둘러 사람들의 절박함을 이용하는 모리배
나 악덕 사채업자, 일부 고용주들을 비난한다. 또한 그냥 운명이려
니 수동적으로 행동하는 사람들도 비판한다. "증발이라든지 사무
라이 할복 같은 일본 악습 뒤로 숨어드는 일이 이제는 없어야 합니
다. 사람들이 증발을 택하는 것은 무엇보다도 문제가 있을 때 아무
에게도 도움을 받을 수 없기 때문입니다."

　그의 뒤쪽 벽면은 각종 언어로 적힌 기사들이 가득 붙어 있다.
'절벽의 천사'를 만나보기 위해 세계 각지의 언론이 찾아온다. 그
러면 그는 어떠한 계기로 이런 싸움을 시작하게 되었는지 들려준
다. 2003년 당시, 여기서 멀지 않은 곳에서 경찰관으로 근무하고
있던 그는 5일 전에 자살을 만류했던 어느 노부부로부터 유서를
전달받았다. 그는 5일 전에 자살하려던 노부부를 설득해 다른 부
서로 안내했다. 하지만 나중에 알아보니 그 노부부는 결국 목을 맸
다는 것이다. 분노한 시게 씨는 자살에 대한 경찰의 통계를 일단
처음으로 발표하기로 했다. 결심이 확고하게 선 그는 이듬해에 은
퇴 후 사비 300만 엔(약 3,000만 원)을 들여 지금의 단체를 세웠다.
이렇게 해서라도 제도의 공백을 메우고 싶었다.

　도진보를 지키는 그는 정부의 지원을 기다리면서 가게를 운영

하며 필요한 자금을 계속 마련하고 있다. 그의 손에 이끌려 가게 밖으로 나왔을 때 하늘은 이미 어두컴컴해져 있었다. 주차된 차에서 젊은 여자가 한 명 내린다. 마른 체격에 윤기 있는 밝은 색 머리카락의 그녀는 짧은 청바지 차림에 아기를 안고 있다. "아기를 안고 뛰어내리려고 한 여성입니다." 시게 씨가 조그만 소리로 알려준다. 그는 가게로 통하는 쪽문을 열고 의자를 가져오더니 난로를 켠다. 그동안 젊은 여자는 갑자기 마련된 이 상담실 같은 곳에 앉아 있다. 그가 그녀에게 보도될 때는 가명을 사용할 것이니 안심하라고 한다. 그녀는 안절부절 못하며 자신의 가는 손가락을 만지작거리며 손에서 눈을 떼지 못한 채 조심스럽게 입을 연다. 서른세 살의 그녀는 남편과의 사이에 두 아이가 있다. 6개월 전, 막내를 안고 이곳에 왔다. 그 시간에 남편은 일하는 중이었다. 그녀는 해안을 따라 난 길을 걷다가 절벽 위에 섰다. 그리고 아래에 펼쳐진 바다를 뚫어져라 바라보며 한 번도 수영을 배운 적이 없다는 것과 꽤 차갑겠구나 하는 생각을 했다. 그때 시게 씨가 그녀의 등 뒤에서 이렇게 말했다. "잠깐만요."

그날 그녀는 정말 뛰어내릴 생각이었을까? 그녀는 이 날 있었던 일을 남편에게 숨겼다. 이제 그녀는 대화할 상대가 필요할 때 아기를 안고 이 가게에 찾아온다. 그녀는 남편을 사랑하지 않는다. 가족의 성화에 못 이겨 떠밀리다시피 한 결혼이다. 그러나 남편과 헤어지는 것은 미친 짓이나 다름없다. "친정이 매우 보수적이거든요." 처음에는 도망칠까 생각했다고 한다. 하지만 어디로 가야 할지, 무엇을 해야 할지 몰랐다. 빼꼼히 열린 문틈으로 그녀는 날이 어두워

자살로 악명이 높은 도진보 절벽. 일본 각
지에서 관광객이 몰려든다.

졌음을 알게 된다. 집으로 돌아가 저녁 식사를 차릴 시간이다.

또 다른 여성이 다가온다. 친절하고 활달하며 아름다운 여성이다. 시게 씨의 경찰서에서 요리사로 일했던 미사코는 시게 씨의 투쟁을 처음 알게 된 인물이다. 그녀가 바로 '특별한 떡을 만든 주인공'이다. 가게 안에서 들리는 부드러운 속삭임과 따뜻한 분위기, 역시 그녀의 역할이 컸다. 은근히 차갑고 예의상 거리를 두는 이 나라에서 그녀는 손과 어깨를 잡아주고 얼굴을 어루만져주면서 마음으로 다가간다.

4월의 어느 평범한 일요일, 미사코는 멘토 시게 씨가 진행하는 자살에 관한 여러 강연 중 한 곳에 같이 가면서 이제까지 한 번도 해보지 않은 경험을 한다. 남자, 여자, 어린이들, 시댁 식구까지 지역 주민 750명 앞에서 그녀는 자신의 이야기를 숨김없이 솔직히 밝혔다. 발표하기 몇 분 전 시게 씨는 내심 걱정했다. "정말인가요? 정말 그렇게 하고 싶은 겁니까?" 그녀가 대답했다. "제가 나쁜 짓을 했나요? 우리 부모님이 나쁜 짓을 했나요? 창피함을 극복해야 앞으로 나갈 수 있습니다."

경찰관이었던 그녀의 아버지는 폭력적인 성격이라서 일이 끝나고 집에 오면 어머니를 때렸다. 언니들과 그녀는 이불 속으로 얼른 숨었고 오빠는 이웃사람들에게 도움을 요청했다. 그녀가 중학교에 입학했을 때 형제들은 집을 떠났고 그녀 혼자 아버지의 폭력을 견뎌야 했다. 어느 날 저녁, 아버지가 또 다시 어머니를 때리려고 하자 그녀는 아버지가 죽어버렸으면 좋겠다고 소리를 질렀다. 다음 날 아침, 그녀는 헛간에서 벨트로 목을 매달아 자살한 아버지를 발견했다. 불행은 거기서 끝나지 않았다. 그로부터 몇 달 후, 어머니마저 농약을 먹고 스스로 목숨을 끊은 것이다. 오사카에 사는 한 친척이 마사코를 거두어 키웠다. 그녀는 야간 수업을 들으며 공부했고 스물세 살에 결혼을 했다. 첫 아이가 태어나자 어머니가 곁에 없다는 것이 고통스럽게 느껴졌다. 하지만 무엇보다 견디기 힘든 고통은 자살한 부모를 두었다는 사실이다. "세상을 떠났든, 어딘가로 숨어버리든, 사라진 사람들의 아이들은 천덕꾸러기 신세입니다. 낙인도 찍히고요…."

미사코는 관련된 에피소드 하나를 들려준다. 맏며느리인 그녀는 결혼식과 장례식 행사 동안에 일본의 전통에 따라 손님들에게 차를 대접해야 한다. 그런데 시어머니는 아무도 그녀에게 다도를 가르쳐주지 않았을 것이라 생각해 그녀에게 맏며느리의 고유 권한을 주지 않았다. "사소하고 별것 아닌 것처럼 보여도 비참한 기분이 들었습니다. 그래서 다도 수업을 들었죠."

미사코는 경찰서의 카페테리아에서 시게 씨를 처음 만났다. 당시 그는 자살에 관한 익명의 증언집을 쓰고 있었다. 처음 만난 그녀가 자신의 이야기를 책에 써도 좋다고 하자 시게 씨는 귀를 의심했다.

우리가 대화를 나누는 동안 절벽은 어둠에 휩싸였다. 낚시꾼 모자를 쓴 시게 씨는 담배를 피우며 한숨을 쉰다. 봄이 돌아오고 있다. 날씨는 따뜻해질 것이고 파란 하늘이 펼쳐지는 맑은 날이 되면

"세상을 떠났든, 어딘가로 숨어버리든, 사라진 사람들의 아이들은 천덕꾸러기 신세입니다. 낙인도 찍히고요…."

분명 불행한 사람들의 물결이 이곳으로 밀려들 것이다. 그래도 시게 씨는 불안한 마음을 거두며 낙관적인 모습을 보여준다. "요술지팡이를 갖고 있는 것도 아니고 사람들에게 행복을 약속해줄 수도 없지만, 우리는 이 나라에서 그 누구도 하지 않는 이야기를 해줍니다. 문제를 해결할 방법이 있을 것이라고…."

이튿날도 빛을 받아 반짝이는 바다 앞에 관광객들이 모여 있다. 그리고 자살을 시도했다가 구조된 사람이 가게에서 담배를 피우고 있다. 수척한 얼굴에 바짝 긴장한 그가 우리를 바라본다. 그의 이름은 와타나베 히데오. 2010년 1월 9일, 열차를 타고 도진보에 도착했으나 신분증은 가져오지 않았다. 중요한 프로젝트를 진행하고 있었고 동료들로부터도 인정받는 엔지니어였다. 성대하게 결혼식을 올릴 때까지만 해도 그에게는 아무런 문제가 없어 보였다. 하지만 2005년 회사가 부도나면서 불행의 늪에 빠졌다. 우선 임시직으로 일하게 되었고 이어서 이혼, 친구의 배신, 파산 등 불행이 연이어 찾아왔다. 몇 년 전, 회사를 차린 친구의 보증을 섰는데, 빚더미에 앉은 친구가 증발해버렸다. 은행들은 히데오에게 대신 빚을 갚으라고 독촉했으나 그가 감당할 수 있는 금액의 돈이 아니었다. 혼자서 해결할 방법이 없었던 그는 열차에 몸을 던져 자살할 생각을 했다. "그러면 승객들에게 폐를 끼칠 것 같았습니다." 그러다가 텔레비전에서 도진보 절벽 이야기를 들었다.

시게 씨의 단체가 그에게 방을 마련해주었다. 몇 달 동안 그는 수면제로 마음을 달랬다. 지금도 가끔 사라진 친구를 '죽여버리고 싶다'는 충동이 생긴다. 하지만 시게 씨가 그럴 듯한 방법을 제안하면서 희망이 생긴다. 히데오 씨는 파산 신고를 할 수 있다. 그러면 서류 심사를 통해 빚을 탕감받을 수 있을지도 모른다. 그것도 완전히 합법적으로. 마침내 그는 '빛'을 발견하고 새롭게 출발하기로 결심한다. 그는 얼마 전에 아르바이트를 세 개나 구했다. "이제 시작입니다." 그리고 싸울 준비가 된 사람처럼 흥분하며 덧붙인다.

"친구가 사라진 이유는 안타깝게도 도움의 손길을 발견하지 못해서였습니다."

## 18. 증발한 사람과 야쿠자

키보다 높은 카운터 뒤로 접수 담당자가 입을 벌리고 코를 골며 정신없이 자고 있다. 레스토랑의 홀에는 100여 개의 빈 탁자와 깨끗한 냅킨이 손님을 기다리고 있으나 손님은 오지 않는다. 오늘 밤 도진보 근처의 이 넓은 호텔에 손님은 우리밖에 없었다. 나는 텅 빈 대리석 홀을 돌아다니며 상상을 해본다. 주말 세미나에 모여 별 내용 없는 프레젠테이션을 지루하게 보다가 비어 있는 바에 서서 취하도록 마시는 도쿄의 샐러리맨들을 상상해본다. 아마도 여름철에는 공항터미널처럼 길고 차가운 호텔의 복도가 휴가 온 부부와 아이들로 북적일 것이다. 아이들은 손에 작은 양동이를 들고 해변에 놀러가려고 할 것이다.

준이 빠르게 걸어오는 소리에 나와 접수 담당자는 각각 공상과 잠에서 깨어난다. 준이 기운 없어 보이는데 악몽을 꾼 것 같다. 그렇지 않아도 어제 저녁에 준은 이곳을 떠나고 싶어 했다. 당시 절벽 근처에서 스테판이 와타나베 히데오의 사진을 찍는 중이었다. 자살하려다가 구조된 와타나베 히데오. 그가 갑자기 거칠게 휴대전화를 암벽에 던졌고 삼각대를 넘어뜨렸다. 카메라의 플래시가 허공에 터졌다. 그리고 그는 준의 먹살을 잡고 바닥에서 일으키더니 미친 사람처럼 소리를 지르고 멀어져 갔다. 우리 모두 너무 놀라고 당황해 그대로 얼어 있었다. 우리의 불쌍한 통역 준은 차로 피신해 문을 잠그고 꼼짝도 하지 않았다. 준은 그 '미친 사람'이 다시 와서 자신을 죽일 거라며 당장 베트남으로 도망치고 싶다고 했다. 나는 그를 겨우 진정시키며 시게 씨를 기다려보자고 설득했다. 그로부터 30분 후, 시게 씨가 와서 해명을 했다.

와타나베 히데오는 순간 경찰서에서 범인처럼 취조받는 기분이 들었다고 한다. 두 팔을 모으고 의자에 앉아 있는데, '외국인들'의 카메라 플래시에 눈이 부시자 갑자기 과거의 고통이 떠오른 것이다. 수면제로 겨우 틀어막고 있던 분노와 수치심 같은 오랜 마음의 고통이 갑자기 솟구쳐올라 그는 준을 화풀이의 제물로 삼은 것이다. 시게 씨는 내게 부서진 휴대폰 교체 비용을 지불해달라고 했다. 준은 혼자 남겨질까 봐 두려워했다. 혼자 남겨질 바에는 떠날 것이라고 했다. 묘한 저녁이었다. 나는 통역의 보디가드 역할을 했고 남편 스테판은 절벽이 만들어내는 자연의 아름다움에 매료되어 완벽한 야경 사진을 찍기 위해 돌아다녔다.

준이 마음을 가다듬고 다시 운전을 한다. 하지만 새로이 도착한 오사카에서도 그는 모든 것이 두렵다. 일본 제3의 도시로 산업과 무역의 중심지인 오사카는 제2차 세계대전 때 폭탄 공격을 받기도 했다. 오사카에는 도쿄와 같은 화려함도, 일본의 정신이 담긴 교토처럼 세련된 매력도 없다. 더구나 오사카의 장점이라는 것도 우리의 여정과는 상관없다. 미식, 복어탕, 몇 번이나 불탔다가 복구되었고 '일본의 자존심'이라 불리는 웅장한 오사카성, 운하 주변의 아름다운 야경, 방언, 일본의 '남부 사람들'이라 불리는 주민들의 따뜻함….

하지만 내가 정말로 관심 있는 것은 오사카 남부에 위치한 동네 한 곳뿐이다. 바로 가마가사키釜ヶ崎. 사람들은 줄여서 '가마'라고 부른다. 도쿄에 산야가 있다면 오사카에는 가마가사키가 있다. 과거와 단절한 사람들, 망가질 대로 망가져 이름마저 없어진 사람들의 은신처. 준은 가마가사키의 어두운 명성에 대해 잘 모른다. 우리 일행이 가마에 도착하자 구름이 잔뜩 낀 하늘에서는 폭우가 쏟아지려는 듯 으르렁 소리가 난다. 철도 아랫길 끝에 뭔가가 희미하게 보인다. 남자 한 명이 웅크린 채 가로등을 홀린 듯이 바라본다.

과거와 단절한 사람들, 망가질 대로 망가져 이름마저 없어진 사람들의 은신처.

또 다른 남자 한 명은 녹슨 의자에 기대앉아 헛기침을 하더니 침을 뱉는다. 녹슨 자전거 한 대가 끽끽 소리를 내며 앞을 지나간다. 남자 두 명이 손에 비닐봉지를 들고 등을 굽히며 자전거를 따라간다. 보기와 달리 가마는 판자촌도, 범죄의 소굴도, 빈민굴도 아니다. 다만 광장에는 임시 막사가 가득하고 기둥에는 텔레비전이 매달려 있고 야외 화덕이 놓여 있다. 철길 주변에 위치한 이 동네에는 작은 집들이 죽 늘어서 있다. 분명 다른 곳보다 가난해 보이는 집들이다. 그 아래에 있는 쓰레기들을 보니 위생관리는 제대로 안 되고 있는 것 같다. 더럽고 냄새가 나서 비참한 것이 아니라 사람들의 마음이 비참하게 만드는 것이다. 사람들의 무기력한 눈빛, 말라비틀어지고 축 쳐진 몸, 절망감이 전해져 말로 표현할 수 없을 정도로 고통스러운 상태라는 것을 알 수 있다.

한낮이었지만 우리 앞을 방황하는 사람들은 처참하게 버림받아 외로움에 사무친 사람들이며 간혹 광기에 사로잡힌 사람도 있다. 이들은 가장 밑바닥에 버려진 사람들이다. 용감하고 수단이 좋은 부랑자들은 공사장에서 열심히 일한다. 경제 위기지만 아직은 일이 있다. 해가 뜨기 전에 일어나면 이들이 잠이 덜 깬 눈으로 주머니에 손을 찔러 넣고 작업바지를 입은 채 낡은 커다란 창고 아래에 모여드는 모습을 볼 수 있다. 새벽 다섯 시도 안 된 시간, 녹슨 덧문이 열리고 트럭들이 주차한다. 트럭의 앞 유리창에는 작업 종류와 일당이 적힌 종이가 붙어 있다. 재빠른 구인자들은 구직자들의 이름을 불러 일용직 노동자 수백 명을 선발해 트럭으로 실어나른다. 1970년대에는 일용직 노동자가 수천, 수만 명에 이르렀을 때도 있었다. 산야와 마찬가지로 더러움과 죽음으로 얼룩져 있지만 가마는 전국에서 가장 많은 일용직 노동자들이 모이는 곳으로 일본 경제의 지표가 될 정도다.

노예시장이었던 이곳 인력시장은 오줌과 술로 미끄러운 계단 위에 자리 잡고 있다. 계단에는 술병을 들고 고꾸라져 있는 사람이 몇 명 있다. 이들은 누더기 차림에 눈빛이 공허하다. 일용직 파견회사의 관리자가 책상에 꼿꼿이 앉아 자신의 회사가 오사카의 재건 공사, 공항 건설, 1970년 만국박람회, 고베 건설에 필요한 인력을 제공했던 시절을 이야기한다. 고베는 1995년 지진으로 크게 파괴된 적이 있다. 그리고 이후 석유 파동에 이어 버블이 터지고 2008년 서브 프라임 모기지 사태가 일어나면서 일자리가 고갈되어버렸다. 현재 일을 구하지 못하는 노동자들은 가난하고 비참한 처지가 되어 빈 캔과 슈퍼마켓의 유통기한 지난 식품을 모아 되팔며 근근이 살아가고 있다.

옆방에는 복지를 담당하는 호리호리한 공무원의 창구 앞에는 어느 불쌍한 영혼이 자고 있다. 공무원은 여기에 찾아오는 사람들의 인생을 불쌍하게 바라보는 눈치다. 그가 눈을 빛내며 빈곤이 마치 굶주리다 못해 썩은 시체를 먹는 동물처럼 일본을 갉아먹고 있다고 주장한다. 기초생활보호 신청자와 긴급 주택의 침상 신청자 수가 급증한 것이 그 증거라고 한다. 인생에 상처가 많은 사람들 중에서는 도움을 요청하는 것이 쑥스러운지 창구 앞에 그대로 서 있기만 하는 사람들도 있다. 공무원은 이름 없는 삶을 택한 이들을 존중하기 위해 최선을 다하겠다고 한다. 그의 팀은 매달 실종자를 찾는 가족들의 전화를 여러 차례 받는다. 유언장에 실종자의 이름이 있어서 유산상속과 같은 문제가 해결되지 않을 때는 가족들이 직접 찾아오기도 한다. 가족들의 연락처는 커다란 하얀색 보드판에 손으로 적혀 있어서 누구나 볼 수 있다. 다시 연락을 하느냐 마느냐는 당사자의 바람과 용기, 과거에 따라 결정된다. 공무원에 따르면 가마에 있는 증발자 수천 명 중 30퍼센트가 어느 날 공중전화 부스에 들어가 가족에게 다시 연락한다고 한다.

준이 우리와 마주치는 사람들과 자발적으로 대화를 해보려 하지만 불편한 기색이 그대로 드러나 의례적인 인사말로 끝난다. 바깥에 내리는 비가 뼛속까지 시리게 한다. 다행히 어느 작은 카페가 우리에게 손짓한다. 카페 안은 습하다. 그리고 전구가 없는 붙박이 조명등이 달려 있다. 손님은 없다. 여주인은 뒤죽박죽 섞인 컵 뒤로 어두컴컴한 곳에 있어 잘 보이지 않는다. 가즈미 씨는 우울한 얼굴로 몸에 꽉 끼는 베이지색 조끼를 입고 황금색 단추를 채웠다. 손님이 없어서 매일 몇 시간만 카페 문을 연다. 아무리 기다려도 핫초코 세 잔이 나오지 않아서 우리는 혹여 주인이 비밀의 문으로 우유를 사러 간 것은 아닐까 하고 생각한다. 한참 후 나타난 주인은 과거를 추억하듯 가마에 대해 이야기한다. 40년 가까이 살고 있는, 고향 같은 곳 가마는 '노천 양로원', '외로운 사람들의 게토'가 되었다. "15년 전만 해도 가마는 시끌벅적했습니다. 여자들이 싸움을 벌였고 야쿠자가 거리의 문제를 해결했습니다. 폭력적이고 야만적이었으나 사람들은 일하고 술을 마시며 삶을 살았습니다…." 그 후 가마는 늙고 지루한 곳이 되어갔다.

가마를 받치는 기둥인 야쿠자가 여전히 모든 것을 장악하고 있다. 야쿠자들은 경호원들을 대동하고 경계하는 눈빛에 휴대폰을 귀에 대고 금목걸이를 걸고 있어서 쉽게 눈에 띈다. 야쿠자들은 주변의 시선 따위는 아랑곳하지 않고 거리를 활보한다. 우리가 야쿠자와 마주칠 때마다 준은 시선을 돌리며 영어로 '또 8-9-3!'이라고 중얼거린다. 일본어로 8-9-3은 '야쿠자'를 뜻한다. 원래는 카드

게임에서 모든 패에 지는 쓸모없는 패를 의미한다. 골목에서 차양을 세우고 야쿠자 서너 명이 마침 화투를 치고 있다. 사계를 상징하는 꽃그림을 맞추는 일본식 카드게임이다. 비가 서서히 그치고 내가 뒤로 돌아 야쿠자에게 다가가려고 하자 준이 불안해하며 두 팔을 붙들고 내게 사정한다. "아뇨, 난 안 갈 겁니다."

저녁에 국물요리를 내는 음식점에서 통역사 준이 지친 표정으로 일본의 유령 같은 얼굴들과 마주하는 것이 무척이나 괴롭다고 털어놓는다. 외국에서 생활해 일본과 떨어져 있었고 일본 문화에 거리를 두기는 했지만 일본인들의 절망을 보니 마음이 아프고 우리가 찾아다니는 증발자들의 운명이 남의 일 같지 않아 불안하다고 한다. 가족도 없이 뿌리 뽑힌 것 같은 처지에 있는 준 역시 홀로 생을 마칠까 봐 두려워한다.

우리가 만나야 할 사람이 한 명 더 남았다. 암흑가 가마에서 수백 킬로미터나 멀리 떨어져 있는 곳에 사는 사람이다. 준은 이 여정을 계속하겠다고 하며 우리가 만나기로 한 노인을 같이 보러 간다. 노인은 오래 전부터 우리가 오기를 기다리고 있었다. 노인의 이름은 다카미 아키라. 가느다란 나무들이 울창한 숲속에 있는 나무 오두막에서 은둔해 살고 있다. 세월과 내리치는 빗줄기를 견뎌온 오두막이다. 오랫동안 외로움에 사무쳐 있던 그가 우리를 반갑게 맞이한다. 그는 두꺼운 줄무늬 털스웨터 차림에 모직 슬리퍼를 신고 있다. 그가 우리를 패널 장식의 거실로 안내한다. 거실에는 10대 정도의 스피커와 유럽과 미국에서 주문했다는 고급 음향 장비로 가득하다.

아키라는 음악 애호가인 집안의 영향을 받았다고 소개한다. 할아버지는 피아니스트, 아버지도 아마추어 음악가였다고 한다. 1929년에 태어난 그는 제약회사 연구소에서 평생 근무했지만 열정은 음악에 있었고 가장 완벽한 소리를 찾는 데 열을 올렸다. 나이가 지긋하지만 어린아이처럼 초롱초롱한 눈망울로 베토벤과 모차르트의 소나타 이야기를 하며 감탄한다. 그의 흥분이 우리에게 전염될 정도다. 아내가 세상을 떠나고 아들이 사라진 뒤로 음악만이 그의 하루를 달래주고 있다. 지금도 혼자인 그는 음악에서 삶의 의미를 찾는다. 그는 오페라의 매력, 오페라와 클래식 음악의 매혹적인 관계에 대해 길게 이야기한다. 마치 본론으로 들어가기까지 시간을 끄는 것 같다는 생각이 든다. 이어서 가는 안경테 너머로 뿌옇게 보이는 시선으로 그가 사라진 아들 이야기를 들려준다. 아들은 2003년 10월 6일, 가을의 어느 월요일에 증발했다. 당시 아들의 나이는 마흔네 살이었다. 아픈 과거가 떠오르자 아키라는 시무룩한 표정으로 입을 다문다.

산업디자인을 공부한 아들 토루는 자전거 디자인 일을 시작했다가 오사카 시의 공공기관에 들어가게 되었다. 조건도 좋고 안정된 자리였다. 아들은 몇 달간 개인 시간도, 여자를 만날 시간도 없이 중요한 도시 재정비 프로젝트 구상에 힘을 쏟았다. 장애인들이 공공시설에 좀 더 쉽게 접근할 수 있게 하는 프로젝트였다. 아키라 씨는 그런 아들이 자랑스러운 듯하다. 하지만 한숨을 쉬며 이렇게 말한다. "평생 일만 해서 아들과 그렇게 친하지 않았습니다. 더구나 애 엄마도 이미 저세상으로 갔을 때였죠. 아들이 전화로 내게 회사와 상사들과 문제가 있다고 고민을 털어놓았습니다. 아들은 무척 스트레스를 받으며 일하고 있었습니다. 그리고 결정적으로 아들의 프로젝트가 윗선에서 선정되지 않았어요." 어느 월요일 오전 11시쯤, 아키라 씨는 전화 한 통을 받았다. 토루의 상사였다. "아드님이 오늘 아침 출근을 안 했습니다. 먼 곳에 사시나요? 아드님의 아파트에 한번 가보셨으면 좋겠는데요…."

"상사의 목소리를 들으니 자살을 생각하고 있는 것 같았습니다." 아키라는 아들 아파트의 열쇠가 없어서 회사 측과 함께 경찰을 불러 문을 땄다. 모든 것이 제자리에 있었지만 회사에서 사용하는 노트북만 없었다. 토루는 지갑과 콘택트렌즈도 남겨놓고 떠났다. 그러니까 평소에는 밖에서 쓰지 않는 안경을 끼고 나간 것이다. 2년 동안 아키라는 아들을 찾아 사방을 헤맸다. 토루의 회사로 찾아간 그는 아들의 동료들을 만나봤다. 동료들에 따르면 토루는 '조용한 사람', '마찰을 피하는 사람'이라고 했다.

아키라는 아들의 사진, 몸무게와 키 등의 정보를 갖고 직접 실종자 수배 전단지를 만들었다. "하지만 사람들은 제가 찾을수록 아들은 돌아오지 않을 것이라 했습니다. 그래서 그만두었죠. 어쩌면 아들은 외국으로 떠났을지도 모릅니다." 아키라는 미닫이문을 열더니 어두컴컴한 거실 옆방에서 상자 하나를 가져온다. 여든 살의 그는 양탄자에 무릎을 꿇고 앉아 아들의 검은색 가죽 다이어리, 파일, 증발의 기미가 전혀 보이지 않는 일기장을 유물 다루 듯 조심스럽게 꺼낸다. 그는 아들의 일기장을 몇 분 동안 넘겨본다. "아들의 집세는 지금도 계속 내고 있습니다. 하지만 더 이상은 내줄 수

여든 살이 넘은 아키라는 행방불명된 아들
이 10년 넘게 소식이 없자 결국 사망신고
를 해야겠다는 생각을 한다.

없을 것 같습니다. 아프면 치료비로 쓸 돈은 조금 저축해두어야 하니까요." 아키라 씨는 울지 않는다. 침착한 그의 모습을 보니 이제까지 일본에서 실종자 당사자들은 물론 그 가족들도 속을 알 수 없는 얼굴로 눈물 한 방울 흘리는 것을 본 적이 없다는 사실이 떠오른다. 아키라 씨가 상자를 닫더니 지친 표정으로 이렇게 덧붙인다. "아들의 사망 신고를 해야 할 때가 온 것 같습니다."

숲속에 위치한 이 차가운 거실에서 스피커로 비발디의 〈사계〉가 흘러나오고 있다.

오사카 가마가사키, 일명 '가마'라고 불리는 이곳은 막다른 길에 몰려 과거와 단절한 사람들, 이름 없이 살아가는 사람들이 밀집해 살고 있는 동네다.

# _____19. 테루오의 고백, 2년 만의 귀가

나는 불쌍한 사람이 아니다. 동정은 참을 수 없다. 내가 살아온 인생을 전부 다 이야기하려는 것은 아니다. 인생은 아직 끝나지 않았으니까. 너무나 많은 사람들이 이미 내 잘못을 알고 있다. 잘못이라고 하니까 내가 사람을 때리거나 죽였다고 생각하는 사람들도 있을 것이다. 하지만 그렇게 생각하는 사람들은 내 이야기를 들으면 실망할지도 모른다. 폭력배는 그냥 평범한 직업이다. 나는 우연히 그 세계에 들어가게 되었다. 하지만 주로 가사일과 장 보는 일을 담당했다. 정리하고 청소하고 책상을 깨끗이 치우는 일, 한 마디로 잡일을 맡아 했다. 거리에서 우연히 야쿠자 보스의 눈에 띄었다. 보스는 내가 똑똑하고 교육도 어느 정도 받은 사람이라는 것을 눈치챘다. 보스가 내게 이렇게 말했다. "자네를 새로운 식구로 맞이하지." 그렇게 해서 나는 야쿠자 조직에 들어가게 되었다. 아주 어린 나이에 잘못된 길로 간 사람들이 많았다. 간혹 교도소에 다녀온 사람들도 있었다. 이들의 인생은 여기저기 구멍이 나서 물이 새는 배와 같았다. 역설적이지만 이들을 구해준 것은 야쿠자였다.

선배들은 정확하게 지켜야 할 규칙이 무엇인지 가르쳐주었다. 인사, 태도, 말하는 법, 사람들의 이야기를 듣는 법, 신중한 태도, 수완, 특히 조직을 위해서는 목숨도 내놓겠다는 충성심도 배웠다. 물론 이런 교육은 폭력적인 환경에서 자란 사람들에게 어느 정도 효과가 있었다. 이러한 교육 덕분에 이들은 절제하는 법을 배웠다. 하지만 그들은 기본적으로 언제든 폭발할 수 있는 시한폭탄 같은 사람들이다. 그렇게 그들은 부하가 되고 점점 더 높은 계급에 오르게 된다. 여느 회사에서와 마찬가지로 단계를 차곡차곡 밟으면 곧바로 책임 있는 지위에 오를

> 이들의 인생은 여기저기 구멍이 나서 물이 새는 배와 같다. 역설적이지만 이들을 구해준 것은 야쿠자였다.

수 있다. 참으로 신나는 일이다. 하지만 어디까지 갈 것인지는 알아야 한다. 대부분의 사람들은 자신의 한계를 모르거나 알아도 부정한다.

내가 근무했던 구역은 매춘 분야도, 도박 분야도 아닌 건설 분야였다. 건설 분야는 뒷거래가 오갈 때도 있지만 그렇다고 아주 더러운 일은 아니었다. 정말로 여느 직업 같이 평범했다. 하지만 이대로 계속 간다면 되돌아갈 수 없는 강을 건널 수도 있다는 생각이 들었다. 사람은 어느 정도 부를 쌓게 되면 두뇌가 잘못된 생각으로

혼탁해지면서 돈이 모든 문제를 해결해줄 수 있다고 믿게 된다. 이런 악순환에 빠진 사람들을 많이 봤다. 이들은 폭력배의 삶에 지쳐 발을 빼고 싶어도 근사한 옷과 차를 포기하지 못한다. 여기에 조직의 압박도 두렵다. 나는 무서운 것이 교도소였다. 낮이고 밤이고 언제나 교도소 생각을 했다. 언젠가 독방에 갇히게 될까 봐 겁이 났다. 그 두려움 때문에 결심을 하게 된 것 같다. 예전에는 그 누구도 야쿠자 조직을 떠나지 않았다. 도망치는 사람은 손에 꼽을 정도였다. 하지만 이제는 시대가 달라졌다. 야쿠자는 더 이상 예전만큼 부유하지도 않고 힘도 없다. 나보다 먼저 도망친 사람도 있었다. 앞길이 창창한 젊은이였다. 두목은 미친 듯이 화를 내며 부하들을 보내 도망친 놈을 잡아오라고 했다. 본보기를 보여주기 위해서였다. 하지만 사실, 두목도 더 이상 부하를 계속 붙잡아둘 수 없음을 분명히 알고 있었다.

어느 날 아침, 장을 보러 갔다가 사무실로 돌아가지 않고 그대로 도망쳤다. 날씨는 무더웠다. 햇빛이 이미 내리쬐고 있었다. 마치 지하실에 내려갔다가 2년 만에 나온 기분이었다. 멋졌다. 하지만 어디로 갈지 몰랐다. 몇 년간 야쿠자 조직 안에서 시키는 일만 하다 보니 내가 할 수 있는 것이 무엇인지 몰랐다. 내가 가진 것이라고는 식료품이 담겨 있는 비닐봉지와 그 날 입고 있던 옷이 전부였다. 마치 마트에서 부모를 잃어버린 아이 같았다.

공원에 앉아 배를 채웠다. 그리고 장을 보고 남은 돈으로 지하철표를 샀다. 다시 인생을 시작하려면 도쿄에 가면 되는 일이었다. 햇빛이 내리쬐는 우리 집 계단에 앉았다. 저 멀리 누군가 다가오는 것이 보였다. 그녀가 약 20미터 앞에 멈췄다. 그녀의 얼굴 표정이 잘 보이지 않았다. 그녀가 움직이지 않자 내가 일어서서 다가갔다. 엘리베이터 안에 들어서자 그녀가 내게 물었다. "돌아온 거죠?"

집은 그대로였다. 굉장히 오랫동안 떠나 있었던 것 같은데 아내와 함께 집에 들어오니 마치 우리 두 사람은 어제 하루만 떨어져 있었던 것 같은 기분이 들었다. 무슨 말을 해야 할지 몰랐다. 아무것도 준비하지 못했다. 우리는 학생 때 결혼했다. 내가 아내보다 두 살 위였기 때문에 먼저 일자리를 찾아야 했다. 그리고 얼마 후 포장재회사에서 일하게 되었다. 하지만 회사 사정은 좋지 않았고 경쟁도 치열했다. 사장은 날 더 이상 데리고 있을 수 없다고 했다. 당혹스러웠다. 사무실을 나오면서 나 자신이 너무 무능력하게 느껴져 열차로 뛰어들고 싶을 정도였다. 보이지 않는 길을 찾아 헤매듯 걸었다. 걸을수록 두려웠다. 이렇게 하염없이 걷기만 하다가 다리가 부러지기라도 하면 어쩌지? 그렇게 나는 뒷골목으로 흘러들었다. 아내는 내가 그동안 야쿠자 조직에 있었다는 것을 모른다. 아내가 아직도 나를 원할까? 거짓말을 잘 못해서 아내에게 그동안 무엇을 하며 살았고 신용카드도 없이 어떻게 살았느냐는 질문에 아무 말도 하지 않았다. 그 후로 아내는 이상한 상상, 최악의 상황을 상상했다. 그럴 때마다 나는 계속 거짓말을 한다. 거짓말 때문에 괴롭다. 오늘 인터뷰에 응한 것은 그 괴로움을 줄일 수 있지 않을까 해서다. 그래서 두 사람과 만나겠다고 한 것이다. 내 과거와 정면으로 마주하기 위해서. 현재는 버겁지 않다. 오히려 손가락 사이로 빠져나가는 물처럼 가볍게 지나간다.

아버지는 내가 아주 어렸을 때 돌아가셨다. 가족은 내가 너무 어려서 장례식에는 가지 못할 것이라고 생각했다. 그래서 나는 아버지가 여전히 살아 계시고 어딘가로 가버린 것일 뿐인데, 아버지 체면 때문에 가족이 숨긴다는 상상을 많이 했다. 어머니는 굉장히 차가운 분이다. 내가 오랫동안 모습을 감춘 후 갑자기 다시 나타나면 어머니가 너무나 감격해 내 목을 숨 막히도록 껴안아줄 것이라 생각했다. 그런데 어머니는 창가로 다가갔다. 어머니가 내가 돌아오기만을 기다리며 서 있던 곳이 창가였는지, 아니면 어머니가 혹여 이웃들이 나를 보고 동네에 소문이라도 날까 봐 겁을 내며 창가에 서서 보는 것인지는 알 수 없다.

하루하루가 정신없이 지나간다. 무엇을 하며 보냈는지 말하기 힘들 정도로 빠르다. 자신의 길을 찾기까지 시간이 걸린다. 일자리를 찾는 것도 마찬가지다. 지금은 아내가 집안 살림을 도맡고 있지만 그렇게 계속 놔두지는 않을 것이다. 다른 사람들이 무슨 생각을 하고 있는지 알고 싶지 않다. 짐짝 같은 테루오, 무능력한 테루오. 다른 사람들의 시선이 빨갛게 달군 쇠처럼 내게 와닿았다. 부끄러워서 외출도 하지 않았다. 다시 도망치고 싶다는 마음이 들자 나 자신이 두려웠다. 형편없는 놈 아닌가? 내 나이 이제 서른 살이다. 숨어버리는 것은 쉽지만 다시 일어서는 것은 쉽지 않다.

가마가사키, 오사카에서 익명으로 살아가
는 사람들이 밀집해 있는 동네 .

어느 작은 모텔에서 만난 이 남자는 전직 야쿠자다. 사고를 당한 후, 조직에서 자유의 몸이 된 것 같다.

## 20. 후쿠시마의 연기

　　　　　　　　　　2011년 3월 11일, 우리는 전 세계와 함
께 일본의 북서부 해안 쪽에서 벌어진 아비규환의 장면을 보았다.
휴대폰으로 촬영된 동영상을 보니 어마어마한 해일이 무서운 기
세로 도시를 휩쓴다. 사이렌이 시끄럽게 울리는 가운데 선박의 잔
해, 자동차, 집, 항공 시설 등 모든 것들이 빨려들었다. 그리고 연기
가 피어오른다. 후쿠시마 원자력 발전소에서 폭발이 일어나고 방
사능이 유출된다. 몇 시간, 며칠, 몇 달 내내. 일본 정부는 통제 불
가능한 엄청난 규모의 재해 앞에서 흔들린다. 시민들도 마치 천벌
과도 같은 재난 앞에서 어쩔 줄 몰라 우왕좌왕한다.

　구름, 비, 바람, 강과 바다는 유독한 방사능 물질을 어디까지 실
어 나를까? 얼마나 많은 양의 방사능 물질이 쌀과 감자, 당근, 찻잎,
해조류, 물고기, 가축, 인간에게 스며들까? 외국의 과학자들은 후쿠

시마, 미나미소마, 센다이, 도쿄까지 여러 도시의 공기와 물에서 방사능이 검출되었다고 즉각 알린다. 그러나 우리의 일본 친구들은 이에 대해 아무것도 모른다. 일본 당국은 이미 국민 전체를 희생시키기로 결정한 모양이다. 침수된 원전을 가동했던 도쿄전력과 동요로 인한 위험을 최소화하기 위해 정부는 정보 조작을 준비한다.

2011년 3월 후쿠시마에서 사고가 있었던 주말, 내가 임신했다는 것을 알게 된다. 우리는 3월 23일 도쿄 행 티켓을 끊은 상태였으나 항공편을 취소했다. 그로부터 3개월 후, 의사의 충고에도 불구하고 우리는 일본행을 감행해 오사카에서 '이름 없는 사람들'의 도시 가마가사키의 가난한 노동자들이 머무는 곳에 짐을 푼다. 8층짜리 모텔로 기다란 복도에는 차가운 된장국과 생선 냄새가 우리를 맞아주었다. 방에는 삐걱거리는 침대와 옷장, 고마운 냉난방 장치가 있고 일층에는 공동욕실이 있다. 답답할 정도로 느린 엘리베이터의 문에는 안내문이 붙어 있다. 아마도 정부가 발행한 것 같은데 전기를 아껴 사용하라는 내용이다.

볼프강 헤르베르트, 줄여서 '볼프'란 이름의 남자가 모텔 자동문 뒤에서 모습을 드러낸다. 청바지와 티셔츠 차림에 얼굴도 젊어 보이는 그는 마치 오래된 친구처럼 우리를 와락 껴안는다. 볼프는 이번에 처음 만나는 것이었다. 그는 얼마 전 영상 통화로 자신을 오스트리아 출신의 사회학자이며 일본 야쿠자를 전문적으로 연구한다고 소개했다. 쉰네 살의 볼프는 일용직 노동자, 야쿠자들과 어울려 살았다고 한다. 온라인상이지만 그의 이야기를 들으면서 일본의 밑바닥 사회를 다른 시각으로 볼 수 있을 것 같다는 생각이 들었다. 일본 대학에서 교수로 재직하고 있는 그는 일본에서 실종자들을 찾는 도전에 합류하게 되어 기쁘다고 했다.

도시가 천천히 잠에서 깨어나고 있었다. 이미 열기가 가득하다. 벌써 땀에 젖은 사람들은 낮은 담벼락에서 그늘을 찾는다. 빈 캔이 담긴 자루를 실은 낡은 자전거가 '따르릉' 소리를 내며 지나간다. 가마의 분위기가 곧바로 파악이 된다. 가마는 정신적인 혼란을 겪고 있는 일본 열도의 삭막한 얼굴이다. 볼프는 아이처럼 흥분하며 가만히 있지를 못한다. 금발에 백인인 그는 아무도 쳐다보지 않는 사람들에게 인사하고 주소를 찾기 위해 말을 건다. 이 자체가 경험담이 된다. 그는 싸구려 식당에서 라멘을 얼른 먹고 다시 거리로 나가 고개를 빳빳이 들고 가슴을 불쑥 내밀며 열심히 동네 탐방에 나선다.

노점과 모텔 사이에 셔터가 내려진 문들이 눈에 띈다. 금박으로 장식된 문도 있다. 볼프가 문이 몇 개인지 세어본다. 약 2제곱킬로미터 정도의 구역에 20개 정도가 있다. 이어서 그는 야쿠자의 부하들을 가리킨다. 스무 살 정도 된 청년들로 몸에 문신을 했으며 여기저기 서성이며 주변의 지저분한 분위기에 관심이 없다. "야쿠자들도 심심해합니다…." 볼프가 말한다. 야쿠자마다 불법 비즈니스 구역을 보호한다. 불법 비즈니스야말로 막대한 이익을 내는 지하경제다.

일본의 암흑가 세계는 중산층이 사는 세계와 매우 동떨어져 있다. 볼프는 음악가와 의사, 엔지니어의 나라 오스트리아 중산층 출신이다. 그는 젊었을 때 가라테 유단자였다. 자기 종목에서 세 번이나 우승하면서 오스트리아 챔피언이 된 그는 스물세 살 때 일본에서 열리는 가라테 대회에 초청을 받았다. 공항에 도착하자 커다란 메르세데스가 그와 비엔나에서부터 동행한 일본인 교수를 기다리고 있었다. 메르세데스를 몰고 안내하는 일본인들은 오랜 친구들로 모두 도쿄 다쿠슈쿠대학의 가라테 동아리 출신이었다. 근육질에 훈련과 서열에 익숙한 가라테 유단자들은 일본 암흑계에 포섭되어 점차 야쿠자의 계급장을 달았다. 볼프는 며칠 동안 호텔 바에서 룸살롱 파티까지 야쿠자에게 끌려다녔다. "그것이 일본에 대한 저의 첫 인상이었습니다."

몇 년 후, 여름. 철학을 전공하던 그는 오사카 출신의 학생들이 다니는 비엔나의 한 사립학교에서 일본어를 가르쳤다. 그리고 그는 한 여학생과 친해졌는데 그녀의 아버지는 야쿠자였다. 야마구치 구미파 서열 2위의 거물로 '절대로 잠들지 않는 남자'라는 별명으로 불렸다. 하지만 그는 두목을 교체하려는 조직 내 음모로 고베 오리엔탈호텔의 5층 바에서 총에 맞아 살해당했다. 부르디외의 책을 읽기 좋아하던 스물여덟 살의 볼프는 운명의 힘에 이끌려 참여 사회학으로 진로를 바꾸고 안락한 생활을 뒤로 한 채 일본으로 넘어와 가마의 일용직 노동자들과 어울렸다. 당시만 해도 가마는 왁자지껄하고 활기가 넘쳤으며 거리에서 싸움도 자주 일어났다. 어느 날 저녁. 사회학도 볼프강은 포장마차에서 켄을 만났다. 두 사람은 가라테, 타투, 조직폭력배에 대해 이야기를 나눈 후 밤새도록 술을 마시러 갔다. 오스트리아인 볼프강은 여전히 가슴을 당당히 내민다. "키가 아주 크지는 않지만 당시에는 근육이 제 대신 경고하는 역할을 했습니다. 날 귀찮게 하지 말라는 경고."

켄은 일본 야쿠자 양대산맥인 야마구치 구미파 보스의 오른팔에 해당하는 하수인이었다. 켄은 학창시절에 주먹으로 이름을 날린 것이 아니라 경호원들을 대동하여 보스 연기를 하며 유명해졌다. 야쿠자로서 그의 일상은 크게 세 가지다. 한 달 중 열흘은 오사카 미나미 구역의 술집에 가고, 또 열흘은 사무실에서 회계 업무를 보고 나머지 열흘은 가마를 순찰하고 다녔다. 그는 부하들을 거느리고 장기 투숙 호텔, 가게, 작은 식당에 들어가 술과 음식을 주문하고 사장과 농담을 주고받은 후 매상의 10퍼센트를 세금으로 걷었다. 간혹 그는 간접세 명목으로 얼음, 수건, 식물, 혹은 액자 등을 공짜로 가져갔다. 말다툼도, 몸싸움도 없었다. 아무도 반항하지 않았다. 대신 켄과 소속 조직은 사복 경찰처럼 해당업소들을 보호하며 술 취해 행패를 부리는 손님들을 쫓아내고 돈을 제대로 내려 하지 않는 손님을 손봐주었다. 켄과 조직은 부자와 가난한 사람, 살아 있는 사람과 죽은 사람, 모두에 대해 다 알고 있었다. 사회학자 볼프강은 이러한 '주고받는 공생 관계'가 일본에서 야쿠자가 영향력을 지니게 된 열쇠라고 강조한다. 한번은 켄이 "우리 조직은 매우 국제적이야"라고 말했다. 그때 볼프강은 여권이 조직의 힘과 보편성을 상징한다는 것을 알았다.

노점 테이블에서 한 무리의 사람들이 화투를 치고 있다. 손가락이 잘린 거구의 남자와 야구모자를 쓰고 금목걸이를 한 남자는 작년에 우리가 준과 함께 왔을 때도 지금 이 자리에 서 있었다. 당시 통역을 했던 준은 잔뜩 겁을 집어먹었다. 반면 자신감 넘치는 볼프는 당당한 모습으로 빠르게 두 야쿠자에게 다가가 이야기를 나누고 어깨의 문신을 보여준다. 야쿠자들이 위협적으로 나올 수도 있는데 볼프강은 '명예의 규칙'을 잘 알고 있다고 자신 있게 말한다. 분명 그는 가마를 자기 집처럼 생각하고 있다. 탐방하는 사람으로서도 편안해 보이고 이 밑바닥 세계를 친근하게 생각한다.

볼프는 야쿠자들에게 기자들의 몇 가지 질문에 답해줄 수 있느냐고 물었다. 이 세계의 규칙을 잘 알고 있는 그였기에 야쿠자들이 거절할 수도 있다고 생각했지만 물어보기는 했다. 우리가 오기 전에 이미 그는 야마구치 구미파의 윗선들에게 같은 질문을 한 적이 있었다. 그가 인맥을 통해 전해 들은 바에 따르면 증발 사건은 야쿠자들에게도 전혀 이익이 될 것이 없다고 했다. 더러운 일을 자랑스럽게 떠벌리는 사람은 없다. 볼프의 야쿠자 친구 켄도 사람들을 증발로 몰고 가는 잘못된 관행에 대해 우리에게 더 이상 이야기를 들려주기 어려울 것이다. 파란만장한 인생으로 손상되었는지 켄의 두뇌는 더 이상 정상적으로 작동하지 않는다. 사랑하는 여자와의 이별(볼프는 "야쿠자도 사랑을 한다"고 말했다), 마약, 감옥, 그리고 결국 뇌졸중으로 인해 전직 야쿠자 켄은 반신불수가 되었다.

저녁에 살랑거리며 부는 바람 덕분에 끈적이던 땀이 또 한 번 마른다. 오스트리아인 볼프가 담에 기대앉아 숨을 헐떡이며 속내를 털어놓는다. "왜 내가 여기를 마음 편히 생각하는 줄 압니까? 여기 사는 사람들과 동질감을 느끼기 때문입니다. 나는 소수자에 속합니다. 그리고 여기 사람들도 자국에서 이방인 취급을 받고 있죠. 이들이 날 받아주고…" 볼프는 일본에서 증발하는 사람들은 남들이 다 가는 길을 거부한 것이라고만 한다. 반항적인 어린 양, 누구나 획일적인 기준으로 승진과 성공이라는 허상의 사다리에 매달리는 일본 사회에 순응하지 않으려는 사람이라는 것이다. 그가 보는 시각은 스테판과 똑같다. 이상주의자처럼 세상을 바라보는 스테판에게 세상이란 우리가 선택하든 아니든 참여하게 되는 '투쟁의 장'이라고 생각한다. 게임의 규칙을 받아들이고 제대로 습득하여 활용하거나 시스템에 빠져나와야 한다는 것이다. 그리고 더 나은 것은 안락함을 포기하고 꼭 필요한 것만으로 가지고 사는 것, 사람들과의 관계성에서 벗어나 자연 속에서 평화롭게 사는 것이라 생각한다. 스테판은 브라질의 어딘가에서 오두막 짓고 사는 것을 꿈꾸었다.

희미한 가로등 불빛 아래에서 볼프는 기억을 더듬어 우리를 안내한다. 우리는 무작정 그를 따라간다. 오사카의 두 세계가 만나는 곳, 토비야를 구경하고 싶어서다. 골목길 입구에는 등불이 매달려 있다. 마치 조촐한 시장에서 열리는 축제 입구, 팔고 남은 크리스마스 장식을 여름에 보는 것 같다. 1층에는 회색 기와지붕이 있는 예쁜 목조 집들이 있고 유리창 없는 쇼윈도 사이로 어두침침한 방들이 보인다. 방바닥에는 핑크색 하트 모양, 별 모양, 구름 모양의 방석들이 깔려 있고 간혹 등불, 혹은 털인형들도 놓여 있다. 전통 스타일로 머리를 틀어 올려 핀으로 고정시킨 여자들이 기모노 차림으로 당당하게 방 안에 앉아 있다. 목선은 깊게 패 있고 다리는 맨살을 그대로 내놓고 있다. 여자들은 한가한 듯 조용히 손거울로 자신의 무표정한 얼굴을 바라보고 있다. 여자 포주들이 이들을 시켜 손님들을 끌고 있다.

볼프는 1980년대 말부터 가마에 살았는데 당시 일용직 노동자들은 공사장에서 한 주를 일하고 창녀촌에서 회포를 풀었다. 토비야는 인력시장의 노예가 된 일꾼들의 근육과 남자들의 환상을 자극하는 창녀들의 우울한 미소가 어우러진 곳이었다. 창녀들은 여전히 가까이에 있으나 팔 힘만이 유일한 재산인 노동자들은 감당하기 힘들 정도로 비싸졌다. 이제 손님들은 마치 꽉 낀 옷을 입은 수줍은 펭귄처럼 보인다. 여자 포주들은 가격을 부르고 아가씨가 남자를 데리고 작은 계단을 내려간다. 구경꾼들은 암스테르담의 홍등가에 있는 관광객들처럼 닫혀 있는 창녀촌 앞을 지나간다. 여기 여자들은 일본 목판화 우키요에 속 인물들처럼 입고 있다. 매춘에서도 전통과 현대가 공존한다. 사진 촬영은 금지, 아가씨들과 이야기하는 것도 금지다. 우리는 발길을 돌린다.

저쪽에는 한 남자가 달빛 아래에서 기타를 연주한다. 모퉁이에서 나타난 남자는 인력시장을 지나 상자에 걸터앉았다. 근처에는 어느 노인이 커다란 우산 뒤에 몸을 숨기고 있다. 노인이 우산 위로 고개를 들었고 남자는 재즈곡을 연주하기 시작했다. 잠시나마 가마는 악몽에서 벗어나고 있었다. 볼프는 빈민가의 영혼과 그늘을 헤아려준 몇 안 되는 사람 중 한 명을 알고 있었다. 1975년부터 센 아리무라는 상처 입은 영혼을 돌보고 있다. 쉰아홉 살의 사회복지사인 그는 콧수염을 기르고 작은 안경을 끼고 있으며 활기차게 걷는다. 그가 하는 일은 절망한 사람들이 무너지지 않도록 구하는 것이다.

그가 박스 종이 위에서 자고 있는 남자들에게 빠른 걸음으로 다가가 말동무가 되어주고 가느다란 지팡이로 일어설 수 있게 용기를 준다. 솔직하고 유쾌한 그와 있다 보면 마법처럼 말이 술술 나오고 술에 찌든 몸도 일으킨다. 부랑자 한 명이 주머니에서 구겨진 종이를 꺼내 센 아리무라에게 건넨다. 가마에서 누구나 기억하는 아리무라는 외로운 사람들의 믿음직한 말동무다. "사회와 인연을 끊으려는 사람들이 여기에 옵니다. 그렇게 이곳은 이들의 터전이 됩니다. 수십 년이 지나면 더 이상 숨을 필요도 없어집니다…." 이가 빠진 노인 하나가 손에 사탕 세 개를 들고 우리에게 빠른 걸음으로 다가온다. 비쩍 마른 그는 너무나 큰 녹색 추리닝을 입고 있다. 추리닝을 위로 걷어올리자 티셔츠가 보인다. 아리무라가 그에게 질문을 한다. 노인의 이름은 하츠오. 하츠오는 우리에게 자신이 묵고 있는 모텔방을 보여주겠다고 한다. 잡동사니가 널려 있는 그의 방은 하수구처럼 악취가 가득하다. 그는 우리에게 의자 대신 요와 이불 개킨 것을 내주고 자신의 과거 이야기를 단숨에 풀어놓는다.

넉넉하지 않은 가정에서 자란 그는 열여섯 살 때부터 봉제 공장에서 일했다. 보수는 괜찮았다. 그러나 어느 날, 그는 모아놓은 돈을 전부 들고 아무 말 없이 증발했다. 하츠오는 증발해서 살아도 이름은 바꾸지 않았다. 그저 새로운 인생을 살고 싶었을 뿐이었다. 그러나 술과 도박에 빠져 새로운 인생을 탕진했다. 돈이 한 푼도 남지 않았을 때는 일용직 노동자, 가스업체 수리공, 도요타 공장 직원 등 여러 일을 전전했다. '짝을 만나지 못해' 결혼은 한 적이 없었다. 이제는 막다른 골목이다. "너무 늦었죠. 예순여섯 살이나 먹은 나를 원하는 여자는 아무도 없습니다."

예전에 가족과 다시 연락하려고 시도를 했지만 실패였다. 문전박대를 당했다. 하츠오는 발길을 돌려야 했다. 최근에 누나가 다시

그를 만나고 싶어 했다. 얼마 전 돌아가신 어머니가 유언으로 하츠
오를 언급했기 때문이다. 누나는 가마의 지원센터에 쪽지를 남겼
고 지원센터는 의료센터를 통해 하츠오의 연락처를 알아냈다. 사
회복지사가 하츠오와 누나 사이를 연결하는 역할을 했다. 자녀가
여섯에 손주까지 둔 누나는 찻집을 운영하고 있다. 하츠오는 자신
이 사라졌다고 누나가 괴로워한 것은 아니었다는 느낌을 받는다.
시간이 오래 되면 그리움도 옅어지는 법이다. 두 사람은 '일 년에
한 번 정도' 만나기로 합의했다.

　센 아리무라가 모카 색의 3층짜리 작은 건물로 들어간다. 우리
도 그를 따라간다. 약 냄새와 죽음의 냄새가 진동한다. 양로원에서
나 맡을 수 있는 악취다. 방까지 악취가 계속된다. 방은 플라스틱
으로 된 싸구려 탁자와 의자가 있는 소박한 공간이다. 여기서 세
사람이 바닥을 멍한 눈으로 바라본다. 아리무라가 한 사람, 한 사
람 말을 건다. 볼프는 아리무라가 사람들에게 소식을 묻고 위로해
주고 안색이 좋다며 칭찬해주는 것이라고 설명한다. 그중 캐주얼
한 티셔츠를 입은 한 사람이 양피지처럼 쭈글쭈글하고 마른 손을
주무른다. 그도 역시 흔적을 남기지 않고 가출한 사람이다. 실직과
수치심 때문에 아내와 아들을 두고 집을 나왔다. 가족과 딱 한 번
다시 만났으나 이미 거리감이 생긴 후였다. 그는 인생이 칠판과 같
다고 생각한다. 검은색 칠판에 색분필로 내용을 쓰고 그림을 그리
고 꿈을 그리지만 너무나 빨리 지우개로 지워진다. 남아 있는 것은
결국 검은색과 흐릿하게 지워진 기억뿐이다.

　그가 웃는다. 어쨌든 스스로 잘 살았다고 생각한다. 시작과 중간

과정은 순탄했으나 목표가 있는 바른 인생이 아니었다. 이후에는 싸움과 주먹질, 충돌, 일시적인 승리, 패배의 후유증으로 얼룩진 인생이었지만, 그는 넘어질 때마다 타협하지 않고 고개를 빳빳하게 들고 좀 더 강하게 일어설 때가 많았다. 이러한 싸움은 그가 선택한 것이다. 가마에서 후회 따위는 없다.

그와 마주 보고 있던 센 아리무라가 고개를 끄덕인다. 가마의 남자는 일본 만화의 캐릭터가 되었다. 상처투성이 인생, 이 빠진 일용직 노동자로 살아가고 짐을 싣고 자전거로 이동하는 모습이 전형적인 가마의 남자다. 아리무라는 만화를 십여 편 출간했다. 캐릭터 '가마의 남자'는 마치 자신의 모습을 보는 것 같아 애정을 느낀다. 거칠고 삐딱한 모습이다. 아리무라는 증발한 사람들을 이렇게 생각한다. 외롭지만 자유로운 사람들, 외로움 대신 완전한 자유를 얻은 사람들.

찌는 듯 무더운 저녁, 젊어 보이는 남자 세 명이 술집에서 이야기를 하고 있다. 세 남자는 희망을 위해 건배한다. 한 남자가 이들에게 다가와 일자리를 제안했다. 적어도 두 달 동안 숙식이 제공되는 일이다. 쓸고 닦고 쓰레기를 자루에 담는 작업이다. 쓰레기의 정체는 원전 폐기물, 핵먼지. 내일 이 세 명은 후쿠시마에서 원전 폐기물을 처리하는 일을 할 것이다. 어차피 가출한 사람들이라서 돌아오지 않는다 해도 누구도 찾지 않을 것이다.

"그것이 현실이죠. 우리가 할 수 있는 일은 아무것도 없습니다."

> 외롭지만 자유로운 사람들, 외로움 대신 완전한 자유를 얻은 사람들.

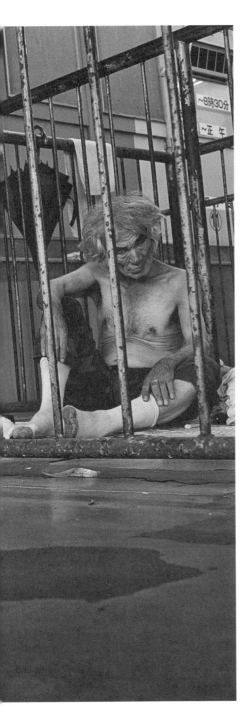

일용직 노동자들이 밀집해 있는 가마가사키. 가장 밑바닥에 버려진 이곳 사람들은 외로움에 사무쳐 간혹 미쳐버리기도 한다.

사회와 인연을 끊으려는 사람들이 가마가
사키로 와 터전을 잡는다. 그러나 수십 년
이 지나면 이들은 더 이상 숨지 않는다.

인력시장에서 일자리를 구하지 못하고 허탕 친 남자. 그도 증발해서 여기에 터를 잡고 살고 있다.

에필로그

모든 것이 제자리에 있다. 제대로 주차된 자동차, 기차역 앞에 나란히 자물쇠가 채워져 보관된 자전거, 문 밑으로 밀어넣은 우편물, 아름다운 전통 가옥의 문이 열려 있고 그 틈으로 곰팡이가 슨 가족사진들이 보인다. 가족은 더 이상 없다. 돌아오지 않을 것이다. 이미 벽에는 금이 갔고 지붕은 움푹 들어갔으며 식물이 건물 위를 서서히 덮거나 포장도로 안으로 들어가 있다. 전에는 매우 아름다운 지역이었을 것이다. 하지만 뭔가가 잘못되었다. 방사능 폐기물이 그득 담긴 자루가 집의 현관문, 축구 경기장, 혹은 시청 옆에 놓여 있다. 오다카 시까지 몇 시간을 돌아다녔지만 아무도 보이지 않는다. 침묵을 깨는 것은 오직 까마귀 울음소리와 스피커에서 지직거리며 흘러나오는 호들갑스러운 안내 방송뿐이다. "우리는 대단한 나라입니다. 곧 다시 일어설 것입니다. 자부심을 갖고 긍정적으로 생각하십시오!"

레나는 파리에 두고 왔다. '후쿠시마 그 후'를 사진에 담기 위해, 재난 현장을 보고 주민들의 말을 듣기 위해 걸어서 혼자 왔다. 주민들은 떠났다. 버림받은 것들 외에는 아무것도 보이지 않는다. 아무도 없는데 어떻게 사진을 찍는단 말인가? 도시는 황량하고 삶은 망가졌다. 몇 킬로미터 떨어진 곳에 원전이 보인다. 키가 낮고 평범한 원전이다. 하얀색 옷과 마스크 차림에 헬멧을 쓴 사람들을 태운 트럭도 보인다. 이름을 알 수 없는 이들은 입을 굳게 다물고 있다. 일본 정부는 세 개의 구역을 안전지대로 정했다. 마치 원전에서 나오는 방사능 연기와 먼지, 물이 안전지대는 침범하지 않는다고 생각하는 것처럼.

후쿠시마 원전 주변 20킬로미터는 접근 금지 구역으로 지정, 주변에 가드레일이 설치되어 있다. 여기는 몰래 들어갈 수밖에 없다. 마트의 한적한 주차장에서 나는 픽업트럭 뒤에 올라탔다. 뒤를 이어 통역이 몸을 웅크려 사료로 사용될 오래된 과일과 채소를 덮는 커다란 천 아래에 몸을 숨긴다. 마츠무라 나오토는 주민들이 떠난 다미오카 마을의 접근을 통제하는 검문소를 몰래 통과시켜주겠다고 약속했고 자신의 말을 지켰다. 쉰두 살의 그는 물도, 전기도 없이 가족 소유의 땅에 살고 있다. 5대째 벼농사를 지어온 집안이다. 그는 이곳에 버려진 가축들을 돌보겠다고 다짐했다. 가축들은 야생 상태로 방치되어 있었다. 그가 먹이를 주는 개를 보니 토할 것 같다. 개는 거의 눈이 보이지 않는 상태로 털과 이빨이 빠져 죽어가고 있다. 하지만 후쿠시마에 마지막까지 남은 그는 아직도 개를 구할 수 있다는 희망을 품고 있다. 그곳에서 조금 떨어진 곳에서 나오토는 굶주린 암소와 돼지, 타조를 우리 안에 몰아넣었다. 5월 치고는 바짝 마른 땅에 방사능 측정기를 대보니 시간당 8.62밀리 시버트가 나온다. 허용한계치는 연간 1밀리시버트다. 바람이 불면서 방사능 먼지가 소용돌이친다. 숨 쉴 때마다 방사능 먼지가 인체로 들어오지만 나만 이런 걱정을 하고 있다.

심해잠수부가 된 기분이다. 컴컴한 바닷속 같은 후쿠시마에서 나와 주민 6만 명이 사는 미나미소마로 이동한다. 나른한 느낌의 지방 도시. 얼핏 삶은 여느 때와 다름없어 보인다. 서류 가방을 든 샐러리맨들은 출근하고 노동자들은 빌딩 보수 공사를 하고 퇴직자들은 꽃나무 아래에서 담소를 나눈다. 철 지난 웨딩드레스들이 디스플레이 된 쇼윈도 앞에서 나는 스즈키 히로유키의 자동차에 올라탄다. 일흔일곱의 할아버지지만 영원한 십대처럼 옷을 입는 멋쟁이다. 재난이 발생하자 노령에도 불구하고 자원봉사 그룹을 이끌었다. 마스크와 방호복 차림을 한 자원봉사자들은 낙엽을 모으고 잡초를 뽑고 표토를 긁어내지만 이것을 모두 어떻게, 어디에 보관해야 할지는 잘 모른다. 그의 방사능 측정기는 거리에 설치된 공공 방사능 측정기보다 두 배나 높은 방사능 수치를 가리킨다. 히로유키는 길가와 낙수받이에서 보이는 알 수 없는 검은 먼지에서 방사능 수치가 매우 높게 측정된다고 말한다. 그는 오염 제거 프로그램에 대해 신랄하게 비판한다. 정부가 교외 전체의 흙을 파헤치지만 방사능 수치는 여전히 높다는 것이다. 그리고 그는 엄청난 액수의 돈이 흙을 파헤치는 작업에 사용되기도 전에 누군가 다른 곳으로 빼돌렸다고 한다. 부정부패의 승리. 주민들은 믿을 만한 정보도 찾을 수 없는 이 당황스러운 사태에 발만 동동 구르고 있다. 이미 야쿠자는 이러한 상황을 이용하고 있다. 무관심 속에 방치된 사람들, 노숙자들, 가출한 사람들을 이 혼란스러운 곳에서 일할 일꾼으로 모집하는 것이다.

여기서 몇 킬로미터 떨어진 곳에 또 다른 정적인 풍경이 눈앞에 펼쳐진다. 바리케이드 둘러친 집들은 간혹 부서지고 약탈당한 흔적이 있으며 커튼이 내려져 있고 운동장은 조용하다. 히로유키는 동네 주민들은 짐을 싸 떠날 수밖에 없었고 다른 도시에 마련된 작은 임시 주택에 살고 있다고 설명한다. 미나미소마 자체가 방사능 수치에 따라 보이지 않는 경계선으로 나뉘어 있다. 하지만 인구가 많은 일본에는 원전 폐기물을 피해 살던 곳을 떠나온 사람들에게 모두 새로운 터전을 마련해줄 만큼 공간이 충분하지 않다. 히로유키가 어깨를 으쓱한다. 그가 있는 거리는 방사능에 오염되지 않았지만 남아 있는 사람들은 그와 같은 연배의 노인들뿐이다. 더 이상 아이들도, 학교도, 미래도 없다. 원전 누출 사고가 난 지 벌써 몇 년이 지났다. 그동안 일본은 참고 살아가는 법을 배우고 있다. 후쿠시마 원전 사고 이후 암환자가 처음으로 증가했고 후쿠시마 출신의 여성들이 유산하는 사례가 늘어나고 있으며 다른 지역에서 이곳 출신이라는 이유로 차별당하는 경우도 발생하고 있다.

예쁜 방울토마토로 붉은 물이 든 채소밭에 한 노인이 서 있다. 그는 채소밭 가꾸는 일에 흥미를 잃었다고 털어놓는다. 나날이 커지는 외로움에 지쳐가고 있다. 일요일마다 손주들을 데리고 놀러와 수확한 채소를 나눠먹던 아들네도 오지 않는다. 대대로 물려받은 큰 집에 더 이상 관심을 갖는 사람도 없다. 그의 전 재산, 그의 이야기와 정체성은 원전 방사능재와 함께 사라져갈 것이다. 어쩔 수 없이 사라져야 하는 상황이다. 인간의 위선이 안겨주는 망각. 마치 공상과학 영화에서처럼 어느 지방 전체가 지도에서 사라질 수밖에 없는 운명처럼 보인다.

숨을 쉬고 싶다. 나는 가족이 있는 우리 집으로 돌아가는 중이다.

스테판 르멜

출입이 금지된 후쿠시마 원전 반경 20킬로
미터 이내 지역은 여전히 방치되어 있다.

# 인간증발
## 사라진 일본인들을 찾아서

**펴낸날**  초판 1쇄  2017년 8월 20일
초판 6쇄  2019년 8월 20일

**지은이**  레나 모제, 스테판 르멜
**옮긴이**  이주영
**펴낸이**  김현태

**펴낸곳**  책세상
**주소**  서울시 마포구 잔다리로 62-1, 3층(04031)
**전화**  02-704-1251(영업부), 02-3273-1333(편집부)
**팩스**  02-719-1258
**이메일**  bkworld11@gmail.com
**광고제휴 문의**  bkworldpub@naver.com

**홈페이지**  chaeksesang.com   **페이스북**  /chaeksesang
**트위터**  @chaeksesang   **인스타그램**  @chaeksesang   **네이버포스트**  bkworldpub

**등록**  1975. 5. 21. 제1-517호
**ISBN**  979-11-5931-133-8  03300

이 도서의 국립중앙도서관 출판시도서목록(CIP)은 서지정보유통지원시스템 홈페이지
(http://seoji.nl.go.kr)와 국가자료공동목록시스템(http://www.nl.go.kr/kolisnet)에서
이용하실 수 있습니다.(CIP제어번호 : CIP2017018990)